当代世界学术名著·经济学系列

Determinants of Economic Growth

经济增长的决定因素

跨国经验研究
A Cross-country Empirical Study

[美]罗伯特·J．巴罗（Robert J. Barro）／著

李 剑／译

沈坤荣／校

中国人民大学出版社
·北京·

"当代世界学术名著"
出版说明

中华民族历来有海纳百川的宽阔胸怀，她在创造灿烂文明的同时，不断吸纳整个人类文明的精华，滋养、壮大和发展自己。当前，全球化使得人类文明之间的相互交流和影响进一步加强，互动效应更为明显。以世界眼光和开放的视野，引介世界各国的优秀哲学社会科学的前沿成果，服务于我国的社会主义现代化建设，服务于我国的科教兴国战略，是新中国出版的优良传统，也是中国当代出版工作者的重要使命。

我社历来注重对国外哲学社会科学成果的译介工作，所出版的"经济科学译丛""工商管理经典译丛"等系列译丛受到社会广泛欢迎。这些译丛侧重于西方经典性教材，本套丛书则旨在迻译国外当代学术名著。所谓"当代"，我们一般是指近几十年发表的著作；所谓"名著"，是指这些著作在该领域产生了巨大影响并被各类文献反复引用，成为研究者的必读著作。这套丛书拟按学科划分为若干个子系列，经过不断的筛选和积累，将成为当代的"汉译世界学术名著丛书"以及读书人的精神殿堂。

由于所选著作距今时日较短，未经历史的充分洗炼，加之判断标准的见仁见智，以及我们选择眼光的局限，这项工作肯定难以尽如人意。我们期待着海内外学界积极参与，并对我们的工作提出宝贵的意见和建议。我们深信，经过学界同仁和出版者的共同努力，这套丛书必将日臻完善。

中国人民大学出版社
2002 年 6 月

"经济学系列"策划人语

  经济学到了 20 世纪才真正进入一个群星璀璨的时代。在 20 世纪，经济学第一次有了一个相对完整的体系。这个体系包容了微观经济学和宏观经济学这两个主要的领域。经济学家们在这两个主要的领域不断地深耕密植。使得经济学的分析方法日益精细完美。经济学家们还在微观和宏观这两个主干之上发展出了许多经济学的分支，比如国际经济学、公共财政、劳动经济学等等。体系的确立奠定了经济学的范式，细致的分工带来了专业化的收益。这正是经济学能够以加速度迅猛发展的原因。

走进经济学的神殿，人们不禁生出高山仰止的感慨。年轻的学子顿时会感到英雄气短，在这个美轮美奂的殿堂里做一名工匠，付出自己一生的辛勤努力，哪怕只是为了完成窗棂上的雕花都是值得的。

然而，21世纪悄然降临。经济学工匠向窗外望去，发现在更高的山冈上，已经矗立起一座更加富丽堂皇的神殿的脚手架。我们的选择在于：是继续在20世纪的经济学殿堂里雕梁画栋，还是到21世纪经济学的工地上添砖加瓦。

斯蒂格利茨教授，这位21世纪的首位诺贝尔经济学奖得主曾经发表过一篇文章，题为《经济学的又一个世纪》。在这篇文章中他谈到，20世纪的经济学患了"精神分裂症"，即微观经济学和宏观经济学的脱节，这种脱节既表现为研究方法上的难以沟通，又反映出二者在意识形态上的分歧和对立。21世纪将是经济学分久必合的时代。一方面，宏观经济学正在寻找微观基础；另一方面，微观经济学也正在试图从微观个体的行为推演出总量上的含义。这背后的意识形态的风气转变也值得我们注意。斯蒂格利茨教授曾经讲到，以下两种主张都无法正确估计市场经济的长期活力：一种是凯恩斯式的认为资本主义正在没落的悲观思想；另一种是里根经济学的社会达尔文主义，表达了对资本主义的盲目乐观。我们已经接近一种处于两者之间的哲学，它将为我们的时代指引方向。

21世纪的经济学将从纸上谈兵转变为研究真实世界中的现象。炉火纯青的分析方法和对现实世界的敏锐感觉将成为经济学研究的核心所在。

"当代世界学术名著·经济学系列"所翻译的主要是处在20世纪和21世纪之交的经济学著作。这些著作在学术的演进过程中起到的更多是传承的作用。它们是20世纪经济学的集大成者，也是21世纪经济学的开路先锋。这些著作的作者大多有一个共同的特征。他们不仅是当代最优秀的经济学家，而且是最好的导师。他们善于传授知识，善于开拓新的前沿，更善于指引遥远的旷野中的方向。如果不惮

"以偏概全"的指责，我们可以大致举出 21 世纪经济学的若干演进方向：博弈论将几乎全面地改写经济学；宏观经济学将日益动态化；政治经济分析尝试用经济学的逻辑对复杂的政策决策过程有一个清晰的把握；经济学的各个分支将"枝枝相覆盖，叶叶相交通"；平等、道德等伦理学的讨论也将重新进入经济学。

介绍这些著作并不仅仅是为了追踪国外经济学的前沿。追赶者易于蜕变成追随者，盲目的追随易于失去自己的方向。经济学是济世之学，它必将回归于现实。重大现实问题的研究更有可能做出突破性的创新，坚持终极关怀的学者更有可能成长为一代宗师。中国正在全方位地融入世界经济，中国的国内经济发展也到了关键的阶段。我们推出这套丛书，并不是出于赶超的豪言或是追星的时髦。我们的立足点是，在世纪之交，经济学的发展也正处于一个关键的阶段，这个阶段的思想最为活跃，最为开放。这恰恰契合了中国的当前境况。我们借鉴的不仅仅是别人已经成型的理论，我们想要从中体会的正是这种思想的活跃和开放。

这套丛书的出版是一项长期的工作，中国社会科学院、中国人民大学、北京大学、南京大学、南开大学、复旦大学、中山大学以及留学海外的许多专家、学者参与了这套译丛的推荐、翻译工作，这套译丛的选题是开放式的，我们真诚地欢迎经济学界的专家、学者在关注这套丛书的同时，能给予它更多的支持，把优秀的经济学学术著作推荐给我们。

译者序

罗伯特·J. 巴罗（Robert J. Barro）教授是哈佛大学瓦戈纳经济学讲座教授，被经济学界公认为是宏观经济和经济增长领域的一颗耀眼之星，他对增长的研究已经从最初的经济因素扩展到更广泛的领域，如民主、宗教等领域。

初读本书，我最强烈的感觉是应该更早把这本书介绍给国内经济学界和改革者。不过，对于中国的改革进程而言，这本姗姗来迟的中译本并不迟。中国的改革从经济体制入手，逐步推进市场化进程。市场自由的扩大必然会对政治体制提出相应的要求。这正好印证了1835年亚历克西斯·托克维尔（Alexis Tocqueville）的思想——私有组织对民主、自由具有重要作用。目前，中国政府改革的目光已经越来越多地投向政治领域。如何推进民主才能有利于经济增长？很多人，包括我自己，一直认为民主对增长的促进作用是不言而喻的，但读过本书，我们可能会对巴罗的研究结果感到惊讶，却又觉得完全合理。因此，对于中国今后的改革而言，本书至少向我们揭示了大量国家在经济发展进程中对于民主化时机的选择以及由此带来的经验教训。

本书的行文深入浅出，具有不同背景的读者都能从书中获益。对于经济学专业的学生而言，本书是用计量手段来研究经济问题的最佳典范，它向读者展示了标准的经验研究应当如何进行。虽然书中的一些结论让人回味无穷，但巴罗教授对问题的分析过程、对相关技术手段的权衡和对工具变量的寻找过程更令读者获益匪浅。对于专业经济学家而言，他们固然能从中获得专业偏好的满足，但书中广阔的研究视角和游刃有余的分析更能触动他们的研究灵感。对于其他感兴趣的人（如中国改革的领导者和实践者），书中的研究结论会让他们重新审视政治、民主、宗教和通货膨胀等因素对经济增长的影响。

本书的翻译得到了各方面的支持和帮助。南京大学经济学系系主任沈坤荣教授是经济增长和计量领域的专家，几年来，我在增长和计量方面的知识均得益于他的教诲。这次他在百忙之中抽空审读译稿，使译文更加准确，在此深表感谢。其次，感谢中国人民大学出版社马学亮主任的热情帮助和辛勤劳动，他的工作为中译本增添了不少亮色。感谢南京大学的刘建森博士，他对译文提出了很多不可忽视的意见。感谢中国人民大学陈海威博士的热情帮助。书中错漏之处难免，恳请读者指正。

李 剑
于南京莫愁湖

英文版序言

什么导致了经济增长和人类繁荣？这是经济学中最重要的问题之一。我们非常高兴哈佛大学的巴罗教授应允出席伦敦经济学院1995—1996年度"罗宾斯纪念讲座"（Lionel Robbins Memorial Lectures），并针对该问题进行演讲。巴罗教授不仅是一位世界一流的宏观经济学家，而且最近几年他在增长课题上进行了广泛的研究。

在第一篇论文（第1章）中，他进行了一般性的分析。国家之间的增长差异首先取决于各国现有的产出水平。如果一国当前的产出在该国稳态产出水平之下，那么该国就会出现一个主要通过技术转移实现增长的追赶过程。每年的增长大约会消除实际产出水平和稳态产出水平之间差距的 2.5%。然而，这并不意味着穷国必然比富国增长得更快，即国家之间的不平等性并不必然随着时间而下降，因为还有其他因素影响增长，包括简单的冲击和一些导致稳态产出水平差异的因素。为了分离出主要的增长决定因素，巴罗对自 1965 年以来 100 多个国家之间的增长差异进行了仔细的统计分析。他发现对增长有利的主要因素有：高水平的教育程度、良好的健康状况（用寿命预期衡量）、低水平的人口出生率、低水平的政府福利支出、法治以及有利的贸易条件。这些发现对于每一个关注经济改革过程的人来说都具有非常重要的意义。

在第二篇论文（第 2 章）中，巴罗转向民主问题。民主有利于增长吗？巴罗用同样的方法论，发现有一点民主要比没有民主好，但完全民主可能会引起经济扭曲，进而阻碍增长。那么，是什么决定了一个国家要有高度的民主呢？巴罗的证据证实了利普塞特假设（Lipset's hypothesis）——繁荣有利于民主。

最后，在他的第三篇论文（第 3 章）中，他开始研究通货膨胀对增长的影响。他明确指出高通货膨胀不利于增长，然而，每年低于 20% 的通货膨胀或许不利于增长，或许并非如此。

这些论文对于我们了解这个时代两个最重要的问题——繁荣和自由——有极大的贡献。"罗宾斯纪念基金"非常感谢巴罗的讲座。这些讲座值得一听，这些讲稿也值得一读。

理查德·莱亚德（Richard Layard）
伦敦经济学院

前　言

　　理论界对增长理论及增长经验研究的兴趣复燃，至今已十年有余。最初，令人振奋的研究集中在内生增长理论上。在这些理论中，长期增长率由政府政策和其他几种力量决定。除了资本的概念被扩大以包含人的因素和溢出效应（Romer，1986；Lucas，1988；Rebelo，1991）以外，最初的模型都是标准化模型。在这些模型中，尽管增长率和投资率可能并不是帕累托最优（Pareto optimal）的，但收益递减消失了，资本积累可以无限制地支撑增长。

　　后来的研究认为，从长期看，创新导

致的技术进步才是避免收益递减的唯一途径。在这些模型中，以创新为目的的行为取决于垄断利润前景，这种前景能刺激私人去完成昂贵的研究活动（Romer，1990；Aghion and Howitt，1992；Grossman and Helpman，1991，chaps. 3，4）。此外，均衡不需要是帕累托最优的；一些政策的含义也非常引人注目，特别是对基础研究的补贴。

尽管出现了这些突破，但近年来对跨国、跨地区增长的经验研究工作并没有从这些新增长理论中获得它们的主要灵感。相反，标准的应用框架更多地来自早期的新古典模型，研究者通过拓展新古典模型来考虑政府政策（包括为维护产权和自由市场而进行的制度选择）、人力资本积累、生育决策以及技术扩散；特别是新古典模型的核心思想（条件收敛）获得了强大的数据事实支持：如果政府政策、人力资本初始水平及其他决定因素保持不变，越穷的国家人均项增长得越快。

为什么整个世界能够在长期中增长，尤其是那些处于技术前沿的经济体？要理解这个问题，基础技术变迁理论就显得非常重要，但这些理论与经济体之间相对增长率的决定（即跨国或跨地区统计分析中研究的关系）联系甚少。内生增长理论的永恒贡献之一就是激发了经验研究工作，但经验研究工作证实了新古典增长模型的解释力。毫无疑问，这是一个巨大的讽刺。

第一篇论文（第1章）从新、旧增长理论的概览开始。随后，从新古典模型的拓展模型中引出一个体现条件收敛思想的经验研究框架。在这个模型中，增长率取决于初始产出水平 y 和它的目标 y^* 之间的关系。目标 y^* 取决于政府政策以及关于储蓄、工作努力、出生率等家庭行为。假设 y^* 的决定因素不变，那么增长率就与 y 的变化相反（条件收敛效应）。假设 y 不变，那么增长率就随着 y^* 的增加——如改善产权状况、降低税率——而增加。此外，一个更高的人力资本初始水平会提高 y 向 y^* 的收敛速度。

从将近100个国家的面板数据中得出的经验结论强烈支持条件收敛这个一般性概念。假设真实人均国内生产总值（GDP）的初始水平不变，较高的初始教育水平、较高的寿命预期值、较低的人口出生率、较低的政府消费、更好的法治维护、较低的通货膨胀、贸易条件的改善都会促进增长率的提高。假定这些变量以及其他一些变量的值不变，那么增长率就与真实人均 GDP 的初始水平负相关。

第二篇论文（第 2 章）详细论述了经济发展与民主之间的相互影响。民主程度（由选举在政治中所起的作用来衡量）并没有成为增长的关键决定因素，但有一些事实表明它们之间存在非线性关系。在低水平的政治权利状况下，权利的扩大会刺激经济增长。然而，一旦达到适度的民主程度，权利的进一步扩大会阻碍增长。一个可能的解释是：在极端专制的状况下，政治权利的增加会促进增长，因为此时对政府权力的限制是紧迫和必需的；然而，在已经获得某种程度的政治权利的国家，进一步的民主化可能会阻碍增长，这是由于对社会项目和收入再分配的过度关注而导致的。

与民主对增长的微弱影响形成对照的是，繁荣和民主参与倾向之间具有强烈的正相关关系，这种关系被称为利普塞特假设（Lipset，1959）。各种对生活水准的测度——真实人均 GDP、寿命预期、男女教育程度差异的减小——都能用来预测民主程度。需要考虑的其他影响因素还包括城市化、自然资源、国家大小、不平等性、殖民历史以及宗教信仰。

最后一篇论文（第 3 章）详细论述了通货膨胀货币政策与经济增长之间的关系。其基本结论是：较高的通货膨胀通常伴随着较低的经济增长率。此外，这种高通货膨胀对经济产出的负面效应在量上也非常重要。在通货膨胀率每年为 15%～20% 的情况下，这种负面效应表现得比较明显。然而，对于比较适度的通货膨胀率水平来说，这种负面效应却无法在统计上分析出来。不过，无论是哪种情况，都没有迹象表明通货膨胀与增长之间有正相关关系。文中的分析同样表明统计分析出来的因果方向是从通货膨胀到增长，而非相反。

目 录

第1章 经济增长和经济收敛…………（1）

　　1. 新古典增长理论和内生增长
　　　理论 ……………………（1）
　　2. 跨国增长的分析框架 ………（6）
　　3. 跨国增长的经验结论 ………（8）
　　4. 跨国回归和国家固定影响……（24）
　　5. 增长预测 ……………………（28）

**第2章 经济发展和政治发展的相互
　　　影响**………………………（35）

　　1. 理论分析 ……………………（35）
　　2. 民主对经济增长的影响 ……（37）

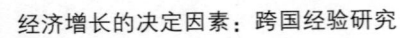

3. 民主的决定框架 …………………………………… (42)
　　4. 民主的回归结果 …………………………………… (43)
　　5. 民主的长期预测 …………………………………… (54)
　　6. 结　论 ……………………………………………… (61)

第3章　通货膨胀和经济增长 …………………………… (65)
　　1. 通货膨胀的经验数据 ……………………………… (66)
　　2. 通货膨胀对经济增长影响的初步结论 ……… (68)
　　3. 通货膨胀的内生性 ………………………………… (75)
　　4. 关于通货膨胀的结论 ……………………………… (86)

结　语 ……………………………………………………… (89)

参考文献 ………………………………………………… (91)
索　引 ………………………………………………… (101)

第1章　经济增长和经济收敛

1. 新古典增长理论和内生增长理论

在20世纪60年代，增长理论主要由拉姆齐（Ramsey，1928）、索洛（Solow，1956）、斯旺（Swan，1956）、卡斯（Cass，1956）和科普曼斯（Koopmans，1956）建立的新古典模型组成。新古典模型的一个特征就是收敛性：如果真实人均GDP的初始水平越低，那么模型预测的增长率就越高。然而，将收敛性看成一条经验假设并进行认真研究只是最近几年的事情。

如果除了初始资本密集度以外,所有的经济体在本质上是相同的,那么收敛性在绝对意义上会成立;也就是说,贫穷地区在人均资本项上比富裕地区增长得更快。然而,如果经济体具有多方面的差异——包括储蓄倾向、生育倾向、工作意愿、技术的取得和政府政策等方面的差异——那么收敛性仅在条件意义上成立。相对于经济体的长期位置或稳态位置,如果初始人均GDP较低,也就是经济体从远低于其自身目标位置的地方出发,则增长率就较高。例如,一个穷国不利的公共政策或者较低的储蓄率可能会导致该国具有较低的长期位置,那么该国就不会高速增长。

在新古典模型中,收敛性来自递减的资本收益。人均资本*较低的经济体(相对于经济体的长期人均资本位置而言),资本收益率和经济增长率也较高。收敛之所以具有条件性是因为在新古典模型中,稳态人均资本水平和稳态人均产出水平取决于储蓄倾向、人口增长率以及生产函数位置等特征,而这些特征在不同的经济体之间会发生变化。最近对新古典模型的拓展考虑了跨国差异的其他来源,特别是关于消费支出水平、产权保护、国内外市场扭曲等方面的政府政策。

新古典模型中资本的概念可以从物质资本扩展到教育、经验和健康等形式的人力资本(参见Lucas,1988;Rebelo,1991;Caballe and Santos,1993;Mulligan and Sala-I-Martin,1993;Barro and Sala-I-Martin,1995,chap.5)。经济体趋近于人力资本对物质资本的稳态比率,但在初始状态下,人力资本对物质资本的比率可能偏离其长期值。通常说来,该偏离程度影响人均产出趋向其稳态值的速度。例如,初始状态下具有较高人力资本对物质资本比率的国家(也许因为战争摧毁的主要是物质资本)倾向于高速增长,这是因为物质资本比人力资本更容易快速扩充。一种支持该观点的理由是丰富的人

---

* capital per worker,少数文献又称其为劳均资本。——译者注

力资本禀赋使得一国容易适应外国技术（参见 Nelson and Phelps，1966；Benhabib and Spiege，1994）。这种理由也表明存在一种相互作用的效应：一国的增长率对初始人均产出越敏感，那么初始人力资本存量就越高。

然而，即使扩展新古典模型以包括人力资本因素，关于新古典模型的另一个预言也是：一旦技术进步不能持续，人均增长最终必然停止。这种类似于马尔萨斯（Malthus，1798）和李嘉图（Ricardo，1817）的预言，源于广义概念下资本的收益递减假设。然而，许多国家的长期数据表明，正的人均增长率可以保持一个世纪以上，而且增长率并没有明确的下降趋势。

20 世纪 50 年代和 60 年代的增长理论家认识到新古典模型的这种缺陷，他们通常的修补方法是假设技术进步以一种不可解释的方式（外生方式）出现。这种方法能够使理论符合人均增长率长期为正且可能不变的事实，并且保留了新古典模型对条件收敛的预言。然而，这种方法的缺点也是显而易见的：长期人均增长率完全由模型外的因素——技术进步率——决定（产出水平的长期增长率还取决于人口增长率，这是标准理论中的另一个外生因素）。因此，我们最终得到了一个增长模型，它能解释一切现象，唯独不能解释长期增长，这显然不是一种令人满意的结果。

近期的内生增长理论研究工作致力于为长期增长提供一种曾被遗漏的解释。这种方法主要是提供了技术进步理论，而技术进步理论正是被新古典模型忽略的关键因素之一。然而，在新古典框架中纳入技术进步理论是比较困难的，因为这会违背标准的竞争假设（这些假设在弗兰克·拉姆齐、戴维·卡斯和狄贾林·科普曼斯的理论中依然成立）。

技术进步包括新思想的产生，而新思想的产生在某种程度上是非竞争性的，因此新思想具有公共产品的特性。在技术状况给定的情况下（即知识状态给定），我们可以合理地假设在标准化的竞争性要素生产中——如自然劳动、广义资本和土地——的规模报酬不变。但是，当非竞争性的思想成为生产要素时，规模报酬就会出现递增。这种报酬递增和完全竞争是不相容的。此外，对边际生产成本为零的非竞争性旧思想的报酬，并不能给新思想赖以产生的研究活动提供适当的回报。

在阿罗（Arrow，1962）和谢辛斯基（Sheshinski，1967）构建的模型中，思想是生产投资过程中无意产生的副产品，这种产生思想的过程被称为"干中学"（learning by doing）。在这些模型中，每个人的创新会迅速溢出，扩散至整个经济中。从技术上看，这种瞬时扩散过程是可能的，因为知识具有非竞争性。后来，罗默（Romer，1986）证明了可以保留竞争性框架以决定均衡的技术进步率，但由此得到的增长率是典型的非帕累托最优。更一般的情况是，如果创新在一定程度上依赖于有目的的研究与开发活动（R&D），而且个人的创新只是逐渐地向其他生产者扩散，那么竞争性的框架将不再存在。针对这种实际状况，分权化的技术进步理论（a decentralized theory of technological progress）要求对模型进行一些基本的修正以纳入不完全竞争的因素。然而，直到20世纪80年代后期罗默（1987，1990）的研究成果出现，不完全竞争因素才被加入了理论。

第一批新增长理论——罗默（Romer，1986）、卢卡斯（Lucas，1988）和雷贝洛（Rebelo，1991）——建立在阿罗（Arrow，1962）、谢辛斯基（Sheshinski，1967）和宇泽弘文（Uzawa，1965）的研究工作上，但并没有真正引进技术进步理论。在这些模型中，含人力资本的广义资本品的投资收益随着经济的发展并不一定递减，因此经济可以无限增长［该思想可追溯到奈特（Knight，1944）］。生产者之间的知识外溢和人力资本的外部收益都是该过程的一部分，但这只是由于它们有助于避免资本收益的递减趋势。

在增长框架中加入R&D理论和不完全竞争因素始于罗默（Romer，1987，1990）。阿吉翁和豪伊特（Aghion and Howitt，1992）、格罗斯曼和赫尔普曼（Grossman and Helpman，1991，chaps.3，4）

也做出了杰出贡献。巴罗和萨拉-I-马丁（Barro and Sala-I-Martin，1995，chaps.6，7）对这些模型进行了描述，并且进行了扩展。这些模型沿袭了熊彼特（Schumpeter，1934）的思想，认为技术进步来自有目的的 R&D 活动，并通过某种形式的事后垄断力获得报酬。如果思想没有出现耗尽趋势，那么在长期内经济就能保持正的增长率。然而，增长率和创新活动的数量并不是帕累托最优的，因为存在新产品创新和生产方式等方面的扭曲。在这些框架中，长期增长率依赖于政府行为，比如税收、法律和秩序的维护、基础设施服务的提供、知识产权的保护，以及国际贸易、金融市场和其他方面的管制。因此，通过对长期增长率的影响，政府有可能变好，也可能变坏。

早期内生增长理论的一个缺点就是它们无法再预言条件收敛。对于许多国家和地区的经验数据而言，条件收敛是一条很强的经验规律，因此在拓展新增长理论的时候，保留条件收敛就显得非常重要。技术扩散理论就是这样的一种拓展（参见 Barro and Sala-I-Martin，1997）。对创新的研究与领先者的技术进步率相关，但对技术扩散的研究则关系到跟随者的技术进步方式——跟随者通过模仿来共享领先者的技术。由于模仿要比创新更廉价，因此技术扩散模型具有类似于新古典增长模型的条件收敛预测。所以，技术扩散模型综合了内生增长理论的长期增长特征（源于领先者的思想创新）和新古典增长模型的收敛特征（源于跟随者的逐步模仿）。

内生增长理论考虑了新思想的产生和生产方式的创新，这对于解释长期增长非常重要。然而，最近增长方面的跨国经验研究更多地从以前的新古典模型（这些模型从政府政策、人力资本和技术扩散等方面加以扩展）中获得了灵感。整个世界为什么人均项能无限增长？要理解这个问题，基础技术进步理论看似非常重要。但是，这些理论与跨国统计分析中的关键因素——跨国相对增长率的决定——没有多少联系。本章以下部分开始讨论跨国经验研究的成果。

2. 跨国增长的分析框架

增长决定因素的分析框架采用已有的新古典模型的拓展模型，该模型可以用方程表示为：

$$Dy = f(y, y^*) \tag{1.1}$$

其中，Dy 是人均产出的增长率，y 是人均产出的当期水平，y^* 是人均产出的长期水平或稳态水平。[1]给定 y^*，增长率 Dy 随 y 的上升而下降；给定 y，增长率随 y^* 的上升而上升。目标值 y^* 依赖于一系列的选择和环境变量。私人部门的选择包括储蓄率、劳动供给和出生率，它们都取决于偏好和成本。政府的选择包括各种政府支出、税率、市场扭曲程度、商业决策扭曲程度、法治与产权的维护以及政治自由程度。另外，与开放经济相关的选择还有贸易条件，尤其是由外部环境对一个小国造成的贸易条件。

给定人均产出 y 的初始水平，稳态人均产出水平 y^* 的上升会提高转移过程中的人均增长率。例如，假设政府改善了商业活动的环境——如减少了来自管制、腐败和税收的负担，或加强了产权保护——增长率会在短期内上升。如果人们决定少生孩子，或者提高收入中的储蓄比例（至少在一个封闭经济中如此），则结果相同。

在这些情况下，目标值 y^* 的上升会转变为经济转移过程中增长率的上升。当产出 y 上升时，收益递减的影响最终使增长率 Dy 恢复到由技术进步率决定的水平。由于转移过程比较漫长，因此政府政策变化或私人行为变化引起的增长效应会持续很长的时间。

对于给定的选择变量和环境变量（y^* 也由此给定），一个初始水平较高的人均产出 y 意味着一个较低的人均增长率。该结果和条件收敛相吻合。然而，如果穷国的稳态位置 y^* 也较低的话，穷国通常不会高速增长。事实上，低水平的 y^* 解释了在任意选择的某个初始阶段，为什么一个国家的 y 的观察值会明显地呈现低水平。

最终的结果表明，1960—1990 年许多国家的增长率与初始真实人均 GDP 之间缺乏相关性。该结果正好与前文的框架相吻合。

图 1-1 表明它们之间的关系事实上不存在。[2]（实际上，斜率稍稍偏正，其正的斜率符号是错的，但在统计上不显著。）新古典模型对此的解释是，在横轴上靠近原点的那些初始状态贫困的国家，并非全都远低于它们的稳态位置，因此它们并非都能较快增长。要想分离出收敛的力量，必须对稳态的决定因素进行限制，就如在下一节将讨论的跨国经验分析一样。

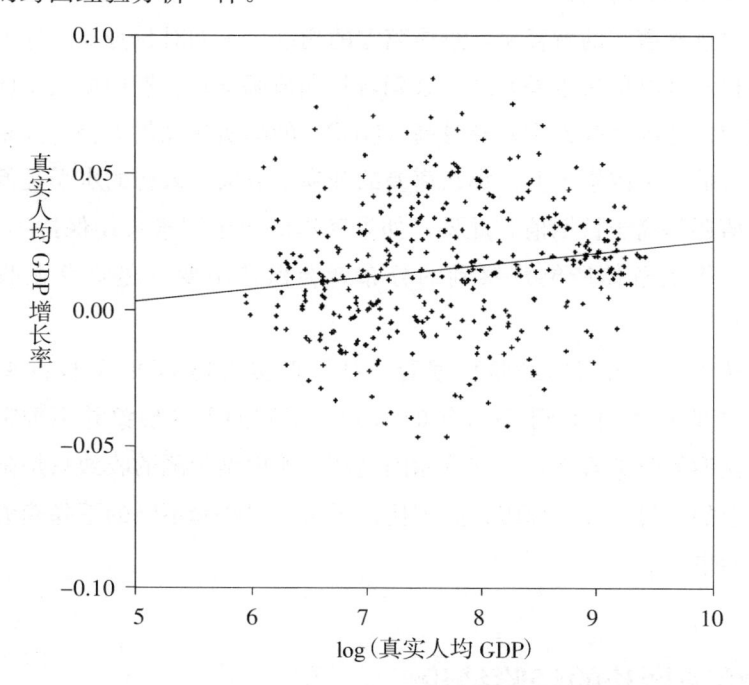

图 1-1　GDP 的增长和 GDP 水平之间的简单相关性

即使收敛在绝对意义上成立——也就是说，如果各国的 y^* 都相同，则穷国倾向于更快的增长——人均产出的离差随时间并不一定变小。离差或不平等性的演化依赖于收敛力量和对经济体冲击结果之间的权衡。如果各国的冲击是相互独立的，那么这些冲击就会产生离差，由此产生的影响和来自收敛性的平衡力量相反。

穷国增长比富国快的趋势意味着在不平等性上具有负的时间趋势，然而这种思想是错误的；事实上，这就是高尔顿谬论（Galton's fallacy），这在奎赫（Quah, 1993）和哈特（Hart, 1995）关于增长的部分中有讨论。高尔顿（Galton, 1886, 1889, chap. 7）的研究表明，儿童身高（以及其他生理和心理特征）对总体均值的偏差正相关于父母的这种偏差，但偏差程度倾向于向零回归或收敛。然而，总体身高分布随着时间并不系统性地变窄。

对这些事实的解释是，总体离差的测度——如对数身高的标准差（或对数 GDP 的标准差）——会朝着长期值调整；长期值取决于向均值回归的速度（收敛率）和身高（GDP）的随机扰动的方差。如果长期分布的决定因素不变，那么离差的升降就取决于最初的水平是低于长期值还是高于长期值。此外，如果基本的决定因素长期保持不变，那么一个大总体所能观察到的分布就会保持不变（尽管存在收敛趋势）。

从 114 个国家的经验数据看，对数真实人均 GDP 的标准差从 1960 年的 0.89 上升到 1990 年的 1.14。不同的上升现象并不否定新古典模型的收敛含义，一部分原因是新古典模型预测的收敛只是条件意义上的，另一部分原因是穷国比富国增长得快和不同的下降趋势不是一回事。

3. 跨国增长的经验结论

根据等式（1.1）的一般框架，我对 1960—1990 年大约 100 个国家的面板数据进行了回归，表 1-1 列出了回归的结果。[3] 因变量是三个时段（1965—1975 年、1975—1985 年、1985—1990 年）的真实人均 GDP 的增长率。[4]（第一时段开始于 1965 年，而非 1960 年，因此 1960 年的真实人均 GDP 可以用来作为工具变量。）后文中的 GDP 术语是真实人均 GDP 的简略表示。

以前的一些研究［如巴罗（Barro，1991）］采用的分析框架是横截面框架，即增长率和解释变量在一个国家只有一个观察值。扩展为面板数据结构的主要原因是增加样本信息量。尽管主要的证据来自横截面上的变化（国家之间），但时间序列维度（国家内）能够提供另外一些信息。在国家内部，对于那些随时间而发生巨大变化的变量而言，这种信息就非常有用，如贸易条件和通货膨胀。

基本理论与长期增长相关，并且增长及其决定因素之间精确的时间模式设定，并不是完全由具有商业周期特征的高频数据所确定。例如，年度频率数据上的关系很可能受控于错误的时间模式设定，进而事实上受控于测量误差。此外，对于许多国家而言，在比五年或十年更好的时段上，一些变量——如出生率、寿命预期以及教育程度——事实上并没有测量数据。我考虑的重心是在一个适当时段上的增长率决定。由于需要时间序列信息，我折中地把时段设定为五年或十年；具体而言，增长率的时段为 1965—1975 年、1975—1985 年、1985—1990 年，最后一个时段设定为五年。当数据能够跨到 1995 年时，第三个时段将被延长为 1985—1995 年。

系统的估计采用工具变量技术，其中的一些工具是回归变量的先期值（方法是三阶段最小二乘法，但每个方程使用的工具变量集合不同；详见表 1-1 的注解）。这是一种不错的方法，因为增长率方程的残差在各个时期基本上不相关。不管怎样，回归刻画了增长率和解释变量先期值之间的相关性。

表 1-1 中列（1）回归的解释变量可以看成状态变量的初始值，也可看作选择变量和环境变量。状态变量包括 GDP 的初始水平和以教育与健康形式测度的人力资本。GDP 水平反映了物质资本和自然

资源的禀赋（同样依赖于努力和不可见的技术水平）。选择变量和环境变量是出生率、政府消费支出、法治维护指标、贸易条件变化、民主指标（政治权利）以及通货膨胀率。民主和通货膨胀将在后面的章节讨论。

表1-1　　　　　　　　　　人均增长率的回归

自变量	(1)	(2)
log(GDP)	−0.024 5	−0.022 5
	(0.003 1)	(0.003 2)
男性受中等和高等教育程度	0.011 8	0.009 8
	(0.002 5)	(0.002 5)
log(寿命预期)	0.042 3	0.041 8
	(0.013 7)	(0.013 9)
log(GDP)×男性受教育程度	−0.006 2	−0.005 2
	(0.001 7)	(0.001 7)
log(出生率)	−0.016 1	−0.013 5
	(0.005 3)	(0.005 3)
政府消费率	−0.136	−0.115
	(0.026)	(0.027)
法治指标	0.029 3	0.026 2
	(0.005 4)	(0.005 5)
贸易条件的变化	0.137	0.127
	(0.030)	(0.030)
民主指标	0.090[a]	0.094
	(0.027)	(0.027)
民主指标的平方	−0.088	−0.091
	(0.024)	(0.024)
通货膨胀率	−0.043	−0.039
	(0.008)	(0.008)
撒哈拉以南非洲地区虚拟变量		−0.004 2[b]
		(0.004 3)
拉丁美洲地区虚拟变量		−0.005 4
		(0.003 2)

续前表

自变量	(1)	(2)
东亚地区虚拟变量		0.005 0
		(0.004 1)
R^2	0.58，0.52，0.42	0.60，0.52，0.47
观察点个数	80， 87， 84	80， 87， 84

注：该系统有三个方程，因变量分别为 1965—1975 年、1975—1985 年、1985—1990 年的实际人均 GDP 增长率。变量 GDP（实际人均国内生产总值）、男性受中等和高等教育程度（25 岁以上中等和高等水平的教育年限）指 1965 年、1975 年和 1985 年的水平。出生时的寿命预期指 1960—1964 年、1970—1974 年和 1980—1984 年的数据。变量 log(GDP)×男性受教育程度是 log(GDP)（被表示成对样本均值的偏差）及男性受中等和高等教育程度变量（同样被表示成对样本均值的偏差）的乘积。法治指标用 20 世纪 80 年代的早期数据（每个国家一个观察值）。贸易条件的变化变量是每期出口价格对进口价格的比率的增长率。通货膨胀率是每期消费者价格指数（如没有消费者价格指数，则采用 GDP 平减指数）的增长率。其他变量采用每期的均值，这些变量包括出生率的对数、政府消费占 GDP 的比率（除去国防和教育）以及民主指标。列（2）引进了撒哈拉以南非洲地区、拉丁美洲地区和东亚地区的虚拟变量。每个时段的常数项也得到了估计，但没有列出。

估计方法是三阶段最小二乘法，每个方程用的工具变量不同。这些工具变量包括提前五年的 log(GDP) 值（例如，在 1965—1975 年方程中用 1960 年的值）、教育、寿命预期、法治、贸易条件的变化变量的实际值，以及列（2）中的三个地区虚拟变量。还有一些工具变量是其他变量的先期值，但通货膨胀率除外。例如，1965—1975 年方程用 1960—1964 年出生率的平均值和政府支出比率的平均值。工具变量还包括西班牙或葡萄牙过去的殖民地虚拟变量，英国与法兰西以外的其他国家的殖民地虚拟变量。工具变量中还包括滞后 log(GDP)（表示为对样本均值的偏差）和男性受教育程度（表示为对样本均值的偏差）的乘积。

估计过程中每个国家的权重相同，但允许各时段具有不同的误差方差和时间上的误差相关性。列（1）中 1965—1975 年方程和 1975—1985 年方程之间的误差相关性系数估计值为−0.13，1965—1975 年方程和 1985—1990 年方程之间的误差相关性系数估计值为 0.05，1975—1985 年方程和 1985—1990 年方程之间的误差相关性系数估计值为 0.04。列（2）的处理也类似。如果假定误差在各时段相互独立，那么估计值事实上都是相同的。括号中的数值为系数估计的标准差。R^2 和观察值个数分别适用于各时段。

a. 列（1）中两个民主变量的联合显著性检验的 p 值为 0.000 6，列（2）中的 p 值为 0.000 4。

b. 三个虚拟变量的联合显著性检验的 p 值为 0.11。

初始 GDP 水平

给定其他解释变量的值，初始 GDP 以对数形式引入系统[5]，并且新古典模型预测它的系数为负。初始 GDP 对数的系数具有条件收敛率的意义。如果其他解释变量保持不变，那么经济将以该系数的数值所体现出的收敛率趋向其长期位置。[6] 系数的估计值为−0.025（标准差 s.e.=0.003），非常显著。该系数意味着条件收敛率为每年 2.5%。[7]对于一个经济体而言，达到稳态产出水平的一半需要 27 年，达到 90%需要 89 年，从这种意义上看，这种水平的收敛率是缓慢的。对于一些地区性数据，如美国各州、加拿大各省、日本各县、主要西欧国家的地区，收敛率同样很慢（参见 Barro and Sala-I-Martin，1995，chap. 11）。

图 1-2 描绘了表 1-1 中列（1）回归包含的增长率和 GDP 初始水平之间的偏相关关系。横轴表示回归样本中 1965 年、1975 年和 1985 年的 log（GDP）观察值，纵轴表示相应的 GDP 增长率，log(GDP)以外的其他解释变量的贡献已被剔除。[8]因此，负斜率表明存在条件收敛关系，即在给定其他自变量值的情况下，log（GDP）对增长率的影响。对照不存在简单相关性的图 1-1，图 1-2 中的条件收敛关系非常明显。此外，该图表明这种关系并不是由少数几个异常值导致的，也没有非线性的迹象。

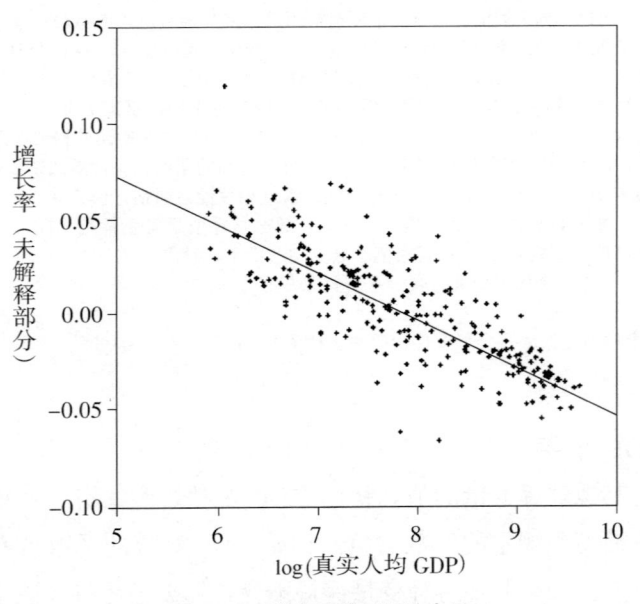

图 1-2 增长率和 GDP 水平

初始人力资本水平

初始人力资本在系统中用三个变量表示：各时段起始点 25 岁以上男性受中等和高等教育的平均年限、各时段起始点出生时寿命预期的对数（健康状况指标）[9]以及初始点 GDP 的对数与男性受中等和高等教育年限之间的交互作用。受教育年限数据用更新的并改进过的巴罗和李（Barro and Lee，1993）的数据版本。

结果表明，在增长和 25 岁以上男性受中等和高等教育年限之间存在显著的正相关［0.011 8（0.002 5）］。[10]男性受中等和高等教育年限增加一年估计会使增长率每年提高 1.2 个百分点（在 1990 年，教育变量的均值是 1.9 年，标准差是 1.3 年）。图 1-3 描绘了增长和教育年限变量之间的偏相关关系，处理方法类似于注释［8］对 log(GDP) 的方法。

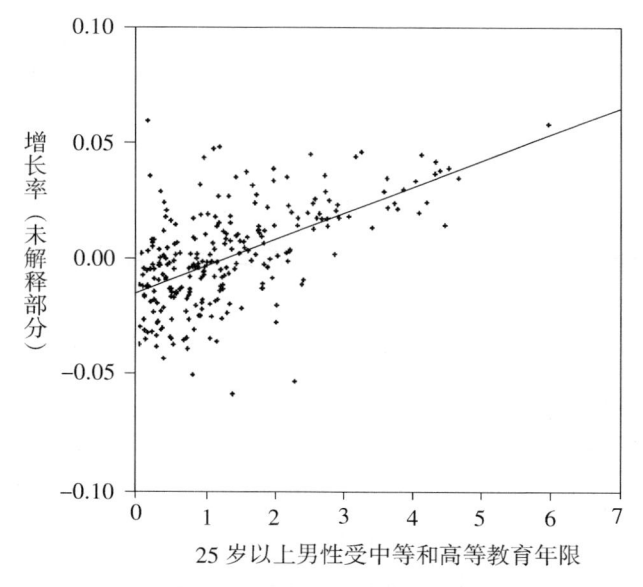

图 1-3　增长率和男性受教育程度

如果将男性受小学教育程度（25 岁以上）加入系统，估计系数为 －0.000 5（0.001 1），效果不显著；而男性受中等和高等教育程度的估计系数仍与前文的结果相似［0.011 9（0.002 5）］。因此，男性受中等和高等教育程度可以预测增长,而男性受小学教育程度则不能。然而,小学教育能够间接促进增长,因为它是中等和高等教育的先决条件。

更令人吃惊的是,各种不同水平的女性受教育程度和后续的增长并不显著相关。例如,如表1-1列(1)所示,如果将25岁以上女性受中等和高等教育年限加入系统,那么该变量的系数估计值是−0.0023(0.0046),而男性该变量的系数估计值为0.0132(0.0036),仍显著为正。对于25岁以上女性受小学教育年限而言,系数估计值为−0.0001(0.0012),而男性(25岁以上受中等和高等教育的)该系数估计值为0.0118(0.0025)。因此,这些发现并不支持女性受教育程度是经济增长的关键因素。[11]

另外一些结果显示女性受教育程度对于经济发展的其他指标具有重要作用,如出生率、婴儿死亡率和政治自由(见第2章)。具体而言,女性受小学教育程度和出生率之间存在强烈的负相关性(参见Schultz,1989;Behrman,1990;Barro and Lee,1994)。这种关系的一个合理推论是女性受教育程度通过降低出生率来促进经济增长。这种效应并没有在表1-1的回归中体现出来,因为出生率已被控制不变。如果系统中省略出生率,那么女性受小学教育程度(逆向影响出生率的女性受教育程度)的系数估计值为0.0012(0.0012),该系数为正,但并不显著地不等于零。因此,只有少量的证据表明女性受教育程度通过这种间接途径促进经济增长。

回到表1-1中的列(1),男性受教育程度和log(GDP)之间交互作用项的系数估计值为−0.0062(0.0017),显著为负,这表明更长的教育年限提高了增长对GDP初始水平的敏感度。从样本均值出发,男性受中等和高等教育年限增加一年,估计能把收敛系数从0.026提高到0.032。该结果支持了教育对于经济体吸收新技术的能力具有积极效应的理论。增长率和交互作用项之间的偏相关关系见图1-4(图中最右边的点表示最发达国家,如美国、加拿大和瑞典,它们具有高水平的GDP和教育程度)。

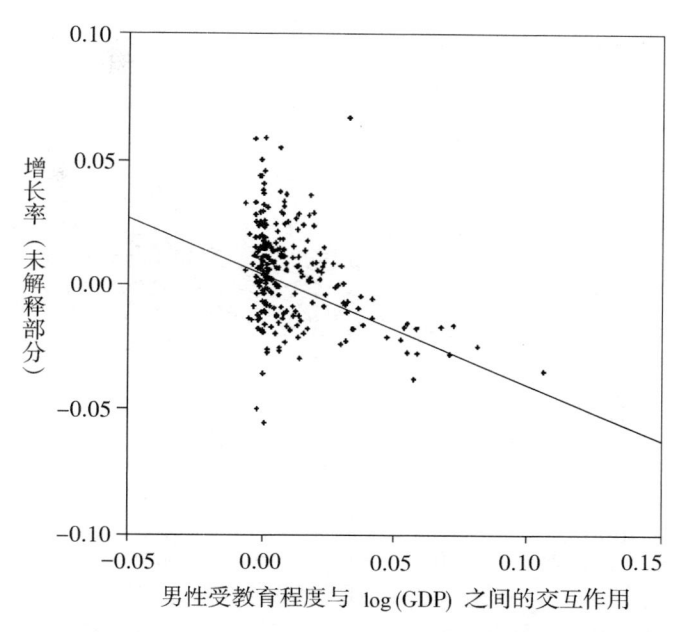

图1-4 男性受教育程度与GDP水平之间的交互作用和增长率之间的关系

表1-1列(1)的回归还揭示了以健康形式体现的初始人力资本对增长具有显著正效应。寿命预期对数的系数为0.042(0.014)。对此的一种解释是寿命预期可能不只是代表健康状况的变量,从更广泛的意义上看,它还是代表人力资本质量的变量。增长和寿命预期的偏相关关系见图1-5。

出生率

如果人口在增长,那么经济中的一部分投资就被用来为新劳动力提供资本,而不是用来提高人均资本。因此,较高的人口增长率对新古典模型中有效人均产出的稳态水平 y^* 具有负面效应。一个更强的效应是较高的出生率意味着更多的资源必须用来抚养孩子而不是用于商品生产(参见Becker and Barro,1988)。表1-1列(1)中总体出生率对数的回归系数为-0.016(0.005),显著为负。增长率和出生率之间的偏相关关系见图1-6。

经济增长的决定因素：跨国经验研究

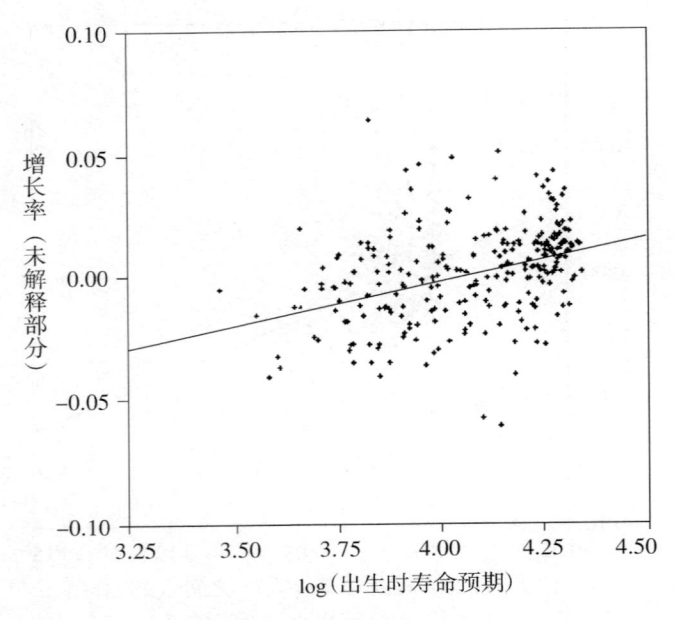

图 1-5 增长率和寿命预期

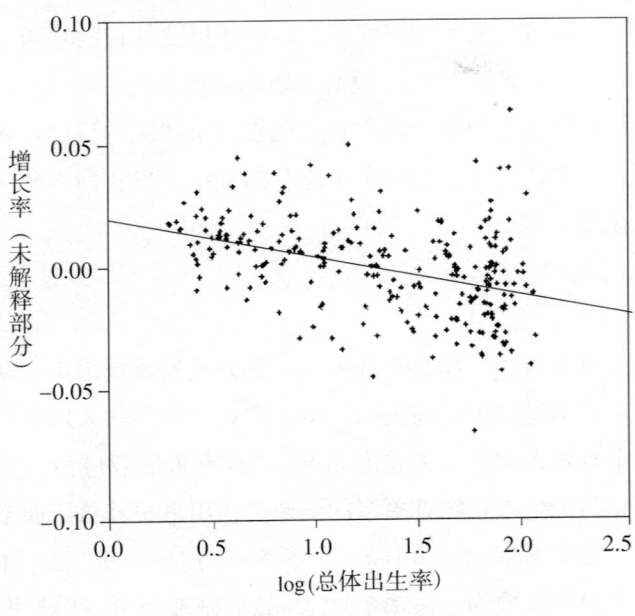

图 1-6 增长率和出生率

生育决策一定是内生的；以前的研究表明，出生率典型地随着繁荣指标的上升而下降，特别是女性初等教育程度（参见 Schultz, 1989；Behrman, 1990；Barro and Lee, 1994）。在增长回归中，出生率的估计系数表示，在男性受教育程度、寿命预期、GDP 等变量给定的情况下，增长率对较高的出生率的反应。由于前 5 年的出生率平均值被用作工具变量，估计系数可能反映的是出生率对增长的影响，而非相反。（无论如何，逆向效应涉及的是 GDP 水平而非增长率。）因此，尽管人口增长率不能被看作经济增长过程中最重要的因素，但出生率的外生下降确实会提高人均产出增长率。

政府消费

表 1-1 列（1）的回归表明，政府消费对 GDP 的比率（除去教育和国防支出）对增长具有显著负效应。估计系数为 -0.136（0.026）。（该比率的时段平均值进入回归方程，工具变量是前五年比率的均值。）这种特殊的政府支出测度方法用来近似测度对生产没有促进作用的支出。因此，我们可以得出结论：对于一个给定的 GDP 初始值，非生产性政府支出越高——相关的税收也越高——增长率就越低。从这一意义上看，巨大的政府支出不利于增长。图 1-7 描绘了增长和政府支出变量之间的偏相关关系。

法治指标

克纳克和基弗（Knack and Keefer, 1995）讨论了许多主观性的国家指标，这些指标为付费的国际投资者设计，并且在《国际风险指南》(*International Country Risk Guide*) 上发布。许多时间序列覆盖 1982—1995 年，并且可以从纽约锡拉丘兹政治风险服务处（Political Risk Service of Syracuse, New York）获得。其涉及的概念包括官僚机构质量、政治腐败、政府违约的可能性、政府征用风险和法治的总体维护状况。通常的观点是：通过执法的有效性、契约的神

经济增长的决定因素：跨国经验研究

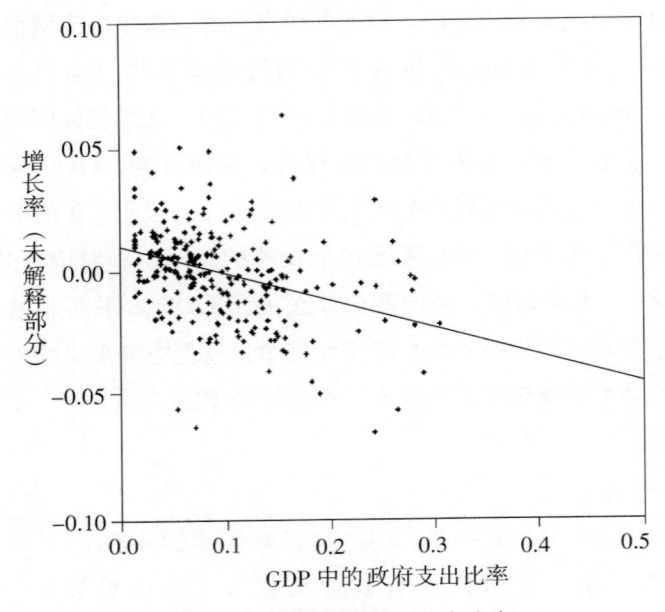

图 1-7 增长率和政府支出比率

圣性和产权的安全性来测度一国投资环境的吸引力。尽管这些资料具有主观性，但它们是当地专家在同时期收集的。此外，客户为这些信息实质性的付费意愿可能是信息有效性的一种检验。

从经验数据看，法治的总体维护指标看似与投资、增长最为相关。该指标最初被分为 0 到 6 共七个等级，6 属于最受欢迎的等级。本书将等级变换为 0 到 1 的区间，0 代表法治维护状况最差，1 代表最好。

在表 1-1 列（1）的回归系统中纳入法治变量（由于缺乏前期的数据，在 20 世纪 80 年代早期每个国家只有一个观测值），其估计系数为 0.029 3（0.005 4），显著为正（如果将法治指标包括在内，那么对投资风险的其他测度，如政治腐败、政治稳定性的各种指标，在这些增长回归中都不显著）。对此的解释是更好的法治维护有利于增长。具体而言，基本指标提高一个等级（对应于法治变量上升 0.167），估计能提高增长率 0.5 个百分点。增长率和法治指标的偏相关关系见图1-8（注意指标的观测值仅有7个）。

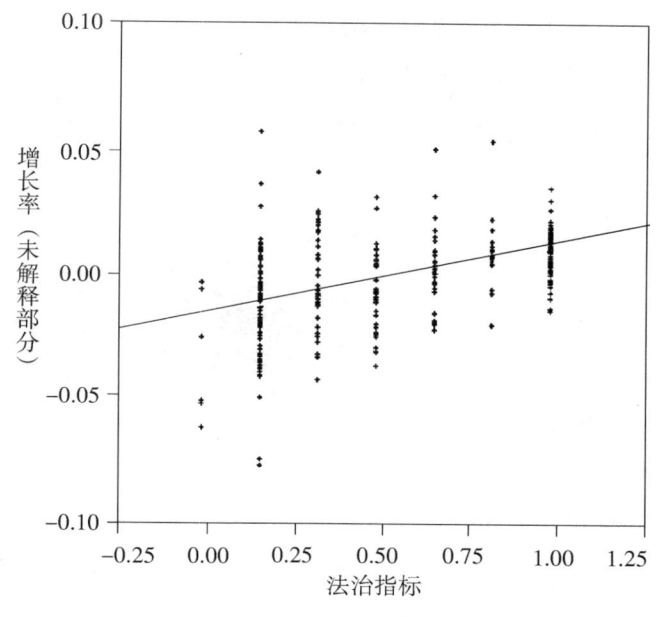

图1-8　增长率和法治指标

贸易条件

对于那些主要出口一些初级产品的发展中国家，贸易条件的变化通常被认为是一个重大影响因素。然而，用出口价格对进口价格的比率度量的贸易条件变化给GDP带来的影响并不是机械化的。如果国内生产商品的实际数量不变，那么贸易条件的改善会提高实际国内收入，并可能提高消费，但不会影响实际GDP。只有当贸易条件变化刺激国内就业和产出发生变化时，实际GDP才会发生变化。例如，对于一个石油进口国，石油相对价格上升会使该国降低就业和减少生产。

表1-1列（1）的结果表明贸易条件的变化的系数为0.14（0.03），显著为正。（贸易条件的变化被认为是外生于一国增长率的，因此可被看作工具变量。）所以，贸易条件的改善能明显刺激国内产

出的扩大。图1-9是贸易条件和增长的偏相关关系。尽管贸易条件变量具有统计显著性，但在许多增长疲软的穷国，它并不是增长的关键因素，如那些撒哈拉以南非洲地区。

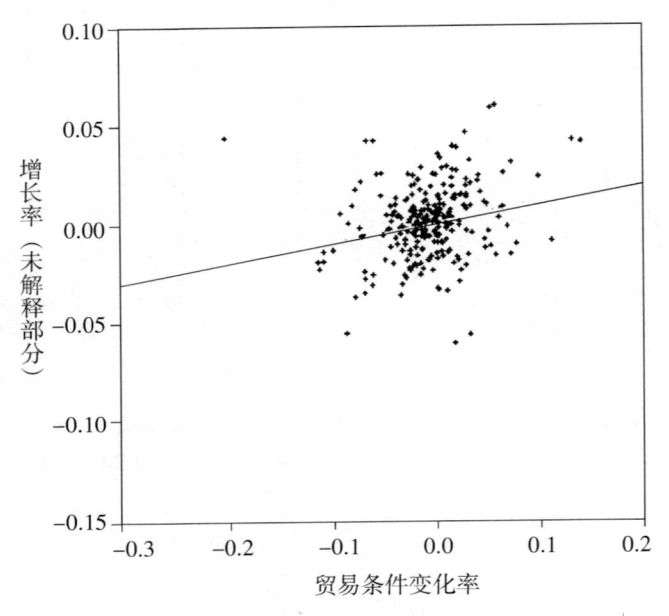

图1-9 增长和贸易条件变化

地区变量

最近，我们经常可以发现，撒哈拉以南非洲（Sub-Saharan Africa）地区和拉丁美洲（Latin America）地区的经济增长率非常低，但在东亚（East Asia）地区非常高。1975—1985年期间，所有存在数据的124个国家（地区）人均增长率的平均值是1.0%，而在43个撒哈拉以南非洲地区国家，该平均值为－0.3%，24个拉丁美洲国家的平均值为－0.1%，12个东亚国家（地区）的平均值为3.7%。1985—1990年期间，平均增长率还是1.0%（129个地方），40个撒哈拉以南非洲地区国家的均值为0.1%，29个拉丁美洲国家的均值为0.4%，15个东亚国家的均值为4.0%。一个重要的问题是，一旦考虑了表1-1中的解释变量，这些地区是否仍然看起来像异常呢？

过去的跨国回归研究（参见 Barro，1991）发现，撒哈拉以南非洲地区和拉丁美洲地区的虚拟变量以显著的负值进入增长回归方程。但是，表1-1列（2）表明这两个地区以及东亚的虚拟变量各自都不显著（三个虚拟变量的联合显著性检验的 p 值为0.11）。因此，这三个地区异常增长的事实基本上被解释变量解释了。

通货膨胀率对于消除拉丁美洲地区虚拟变量的显著性具有关键作用（这种相互关系在下一章讨论）。如果不考虑出生率或者政府消费率，拉丁美洲地区的虚拟变量同样显著。在撒哈拉以南非洲地区，一旦将其忽略，则能使虚拟变量显著的变量只有政府消费率。在东亚，如果剔除男性受教育程度、法治指标或民主变量，虚拟变量就会变得显著。

投资率

在一个封闭经济的新古典增长模型中，储蓄率外生，并且等于投资产出比。一个更高的储蓄率会提高有效人均产出的稳态水平，因此对于给定的初始 GDP 水平而言，也提高了增长率。一些跨国增长的经验研究同样揭示了投资率的重要积极作用（例如，参见 DeLong and Summer，1991；Mankiw，Romer and Weil，1992）。

然而，逆向因果关系也可能非常重要。在增长回归中，当期投资率的一个正的系数可能反映了增长机会和投资之间的正向关系，而非一个更高的外生投资率对于增长率的正面影响。特别地，这种逆向因果关系可能在开放经济中出现。即使储蓄率的跨国差异对于增长来说是外生的，投资国内而非投资国外的决策也能反映出国内投资回报的前景，但它与本国的增长机会相关。

为了在解释变量中加入时段平均投资率，我要扩展表1-1列（1）系统。如果工具变量中包括了前五年的投资率，但没有当期投资率，那么投资率变量的估计系数为0.027（0.021），为正值，但统计上不显著。与此相反，如果将当期投资率作为工具变量，那么估计系数为 0.043（0.018），系数值几乎增加了一倍，而且统计上显著。这些结果表明，在典型的跨国回归中，许多关于投资率对增长的正面影响的估计结果反映了增长前景与投资之间的逆向因果关系。布洛姆斯特伦、利普西和泽赞（Blömstrom, Lipsey and Zejan, 1993）在他们对投资和增长的研究中获得了类似的结果。

为了进一步解释这些结果，我设定因变量为 1965—1974 年、1975—1984 年和 1985—1989 年期间投资对 GDP 比率的平均值，表 1-2 列出了该回归系。除了投资率外，其他自变量和表 1-1 中的自变量相同。表 1-1 列（1）中的关键结果是，表 1-1 中提高增长率的许多变量现在同样对投资有刺激作用。特别是投资率与寿命预期（人力资本质量的代理变量）和法治指标正相关，与政府消费率和通货膨胀率负相关。投资率和民主之间的关系同样遵循着与增长率回归中相同的二次关系。民主的效应在下一章分析。

对这些结果的一个合理解释是，一些政策变量——如更好的法治维护、更低的政府消费和价格稳定性——在一定程度上通过刺激投资来促进经济增长。然而，对于给定的政策工具的值，如果投资水平较高——或许是因为各经济体之间资本缺乏完全流动性而产生的节俭程度的差异——那么投资对增长的正效应还是比较微弱，这表现在投资率的估计系数为 0.027（0.021）上。

表 1-2　　投资率的回归

自变量	(1)	(2)
log(GDP)	−0.010	−0.005
	(0.011)	(0.011)
男性受中等和高等教育程度	−0.003 2	−0.006 4
	(0.008 8)	(0.008 5)
log(寿命预期)	0.259	0.274
	(0.050)	(0.051)

续前表

自变量	(1)	(2)
log(GDP)×男性受教育程度	−0.000 4	0.000 9
	(0.005 7)	(0.005 5)
log（出生率）	−0.002 8	0.005 6
	(0.019 2)	(0.018 6)
政府消费率	−0.264	−0.216
	(0.089)	(0.087)
法治指标	0.092	0.074
	(0.023)	(0.024)
贸易条件的变化	0.074	0.070
	(0.068)	(0.064)
民主指标	0.148	0.168
	(0.069)	(0.070)
民主指标的平方	−0.142	−0.153
	(0.061)	(0.062)
通货膨胀率	−0.053	−0.036
	(0.022)	(0.021)
撒哈拉以南非洲地区虚拟变量		−0.013[a]
		(0.019)
拉丁美洲地区虚拟变量		−0.038
		(0.014)
东亚地区虚拟变量		0.01
		(0.017)
R^2	0.59，0.62，0.61	0.60，0.65，0.67
观察点个数	80，87，84	80，87，84

注：该系统的因变量为1965—1974年、1975—1984年和1975—1989年的实际投资（私人投资加公共投资）对真实GDP的比率的均值，其他均对应表1-1中的情况。在投资的回归系统中，方程之间的误差相关性非常强。例如，列（1）的第一时段和第二时段之间的相关系数为0.53，第一时段和第三时段的相关系数为0.35，第二时段和第三时段的相关系数为0.62。

a. 三个虚拟变量之间的联合显著性检验的 p 值为0.03。

4. 跨国回归和国家固定影响

对图 1-1 和图 1-2 进行比较就可以看出，要分离出条件收敛的力量——即对于给定的 y^*，初始 GDP 水平 y 对增长率的影响——保持方程（1.1）中长期目标值的决定因素固定不变非常重要。由于 y 和 y^* 倾向于正相关，因此，如果 y^* 变动，y 的估计系数就会向上偏移。由于 y 的真实系数是负的，因而忽略 y^* 的影响就会低估收敛率，甚至可能在某种程度上估计出发散的结果（y 的系数为正）而非收敛的结果。因此，图 1-1 中 Dy 和 y 之间的简单关系具有不正确的符号（正号）就是因为忽略了 y^* 的影响。

图 1-2 还存在的一个问题是：如果保持 y^* 不变的措施具有不完全性（它们一定如此），那么收敛率仍会被低估。具体而言，如果测度 y^* 的变量保持不变，而且被忽略的 y^* 的决定因素依然与 y 呈正相关，那么收敛率仍将被低估。尽管对 y^* 的分解（如前文强调的对增长具有很大解释力量的那些变量）应该会减少误差，但对这个问题的严重性还是很难进行直接的评价。

为了解决这个估计问题，一些研究者倾向于考虑每个国家的隐性固定影响（unobserved fixed effect）[参见（Knight, Loayza and Villanueva, 1993; Islam, 1995; Caselli, Esquivel and Lefort, 1996）]。通常这种处理方法是通过对所有的变量进行一阶差分来消除固定影响。如果一国 y^* 的基本决定因素（如关于储蓄和出生率的政府政策及偏好）不随时间发生变化，那么这种方法就有效。但实际上问题依然存在，因为未被观察到的 y^* 的变化还可能与 y 的变化相关。

固定影响方法的主要缺陷是它依赖于各国自身的时间序列信息，即它丢失了大量跨国数据的主要优势——横截面信息。除了信息漏损和精度下降外，数据的一阶差分倾向于关注对信号的测量误差。特别

第1章　经济增长和经济收敛

是在增长与其决定因素的关系上，估计值变得对错误的时间模式设定更加敏感。

如果在估计中仍然对 y^* 的决定因素进行一阶差分，那么测量误差会使这些变量的估计系数向零偏移。至于 Dy 对 y 的估计系数，我们应该考虑 $y(\log[\text{GDP}])$ 对其自身滞后值回归。测量误差会使该估计值向零偏移，相应地，就会造成收敛率的高估。

表 1-3 列（1）是表 1-1 列（1）系统的一阶差分的估计结果。该系统包括两个方程：第一个方程的因变量是 1975—1985 年的 GDP 增长率减去 1965—1975 年的 GDP 增长率；第二个方程的因变量是 1985—1990 年的 GDP 增长率减去 1975—1985 年的 GDP 增长率。相应地，自变量也是表 1-1 列（1）变量的一阶差分。例如，第一个方程中包含 1975 年的 log(GDP) 减去 1965 年的 log(GDP)。该系统用似不相关（SUR）技术进行估计，因为该 SUR 技术允许两个方程间存在误差相关性〔由于表 1-1 中增长率方程的各期残差基本上不相关，因此表 1-3 列（1）的两个方程的残差具有强烈的负相关性〕。

表 1-3　　　　一阶差分和横截面的回归结果

自变量	（1）一阶差分	（2）横截面	（3）面板	（4）p 值
log(GDP)	−0.044 4	−0.022 0	−0.024 2	0.000
	(0.006 6)	(0.004 1)	(0.002 8)	
男性受教育程度	−0.003 2	0.014 1	0.012 3	0.68
	(0.004 5)	(0.003 0)	(0.002 3)	
log(寿命预期)	−0.082 0	0.017 2	0.038 8	0.002
	(0.038 1)	(0.018 4)	(0.012 4)	
log(GDP)×男性受教育程度	0.005 2	−0.007 7	−0.007 0	0.18
	(0.003 5)	(0.001 9)	(0.001 5)	
log(出生率)	−0.039 6	−0.020 6	−0.015 6	0.11
	(0.011 6)	(0.006 6)	(0.004 9)	

续前表

自变量	(1)一阶差分	(2)横截面	(3)面板	(4) p 值
政府消费率	0.000	−0.114	−0.110	0.024
	(0.048)	(0.026)	(0.021)	
法治指标		0.029 4	0.030 0	
		(0.006 6)	(0.005 1)	
贸易条件的变化	0.102	0.078	0.129	0.92
	(0.027)	(0.078)	(0.029)	
民主指标	0.019	0.071	0.048	0.51
	(0.029)	(0.026)	(0.019)	
民主指标的平方	−0.014	−0.074	−0.051	0.28
	(0.026)	(0.023)	(0.016)	
通货膨胀率	−0.032	−0.030	−0.028	0.12
	(0.005)	(0.006)	(0.004)	
R^2	0.29, 0.44	0.76	0.56, 0.53, 0.49	
观察点个数	88, 91	80	83, 88, 84	

注：以上系统由表1-1列（1）变化而来，本表的列（1）对所有变量进行一阶差分，然后用似不相关技术（SUR）估计。SUR技术允许两时段之间存在不同的误差方差以及各时段间的误差相关性。列（2）使用所有变量的均值，并用普通最小二乘法（OLS）估计。列（3）和表1-1列（1）相同，只是估计方法是SUR而非三阶段最小二乘法。列（4）中的数值是列（1）和列（2）系数相等的Wald检验的 p 值。

表1-3列（2）是对纯粹的横截面数据进行普通最小二乘法估计的结果，其中每个国家只有一个观测值。在这种情况下，因变量和自变量都是表1-1列（1）中的变量在三个期间内的均值。

最后，表1-3列（3）和表1-1列（1）基本一样，只是估计方法为SUR技术而非工具变量技术。这种做法基本上是表1-3列（1）的时间序列信息和列（2）的横截面信息的加权组合。从总体上看，这些估计值接近表1-1列（1）中的估计值。它们与工具变量估计的主要区别在于民主和通货膨胀变量的估计系数。

如果我们比较一下一阶差分模式的系数估计和横截面模式的系数

估计，那么两者最大的差异在于收敛率的估计：列（1）为－0.044（0.007），列（2）为－0.022（0.004）。Wald 检验的 p 值为 0.000〔见表 1-3 列（4）〕，因此拒绝系数相等的假设。对于其他自变量，两种模式下的估计系数在 5% 水平上显著不同的情况（一次只考虑一个变量）只有寿命预期和政府消费。然而，十对系数相等的整体联合检验明确拒绝了原假设。

列（1）和列（2）的系数标准差揭示了面板数据中时间序列维度和横截面维度的信息。对于许多变量而言，列（2）中的标准差要比列（1）中的标准差小得多，如 log(GDP)、男性受教育程度、log(寿命预期)、log(GDP) 与男性受教育程度的关系、log(出生率) 和政府消费率。这种现象表明这些自变量在国家之间的差异比时间序列（国家内部）差异提供了更多的信息。一个极端的例子是法治变量，它没有时间序列维度（就目前的测度而言），因此在一阶差分模式中具有无穷多的标准差。列（1）中的标准差要明显比列（2）中的标准差小的情况只有贸易条件，这种情况下时间序列维度的差异要比国家之间的差异更大。对于民主和通货膨胀，在这两种情况下的标准差相似。

许多研究者愿意接受其他形式的一阶差分模式〔如表 1-3 列（1）〕估计出来的结果，因为他们主要关注相关固定影响可能带来的偏差。表 1-3 列（1）对收敛系数的高估计值——为每年 4.4%——接近于更复杂的相关技术的相关估计结果（如 Knight, Loayza and Villanueva, 1993, p. 529; Islam, 1995, tables 3, 4; Caselli, Esquivel and Lefort, 1996, tables 3, 4）。然而，相对于表 1-3 列（3）或表 1-1 列（1）的面板数据估计结果来说，更高的收敛率估计值反映了忽略截面信息带来的相对测量误差上升。也就是说，不但没有消除固定影响偏差（会导致收敛率的低估），一阶差分程序还可能放大了测量误差偏差（会导致收敛率的高估）。

列（1）的结果也表明，在纯粹的时间序列框架内，我们很难分离除滞后 GDP 效应以外的解释变量的效应。在 5% 的临界水平上只有出生率、贸易条件和通货膨胀率的估计系数是显著的。寿命预期轻微显著，但符号错误。导致这些结果的一个原因是时间序列并没有考虑许多变量的差异。此外，模型可能错误设定了增长及其决定因素之间的时间模式，这种错误在时间序列估计中比在横截面估计中重要得多。

毫无疑问，如果一阶差分模式和横截面模式的估计系数没有显著不同，那么结果的可信度就会更大。如果改进模型的设定——如改进增长及其决定因素之间滞后结构的设定——那么我们得到的结果可能会更加一致。然而，现在似乎没有根据来评判用一阶差分估计还是用横截面估计。我的讨论集中于面板估计结果，即表1-3列（3）或表1-1列（1）。面板估计结果是两种不完全信息来源的加权组合，权重由两种来源的相对信息量决定（通过SUR或三阶段最小二乘法）。

5. 增长预测

表1-1列（1）的结果可以用来对单个国家的增长进行长期预测。这些预测是通过使用解释变量最近的观测值来实现的：1994年的GDP（或前几年的GDP）、1990年的教育程度、1993年的寿命预期和出生率、1993年或1994年消费者价格指数（CPI）体现的通货膨胀率、1995年的法治指标、1994年的民主指标和20世纪80年代后期的政府消费。[12] 表1-4列出了1996—2000年预测结果最好的20个国家（地区）和最差的20个国家（地区），其中存在必要的数据、可以进行预测的国家（地区）总共有86个。[13] 然而，对单个国家（地区）的预测会出现比较大的误差幅度（高达两个百分点）。

对于全部86个国家（地区）而言，人均增长的平均预测为每年2.4%。根据地区进行细分，18个亚洲国家（地区）的平均预测为3.7%；22个拉丁美洲国家（地区）为2.9%；21个经济合作与发展组织（Organization for Economic Cooperation and Development,

第 1 章　经济增长和经济收敛

OECD）成员为 2.4%（不包括日本、土耳其和墨西哥）；18 个撒哈拉以南非洲地区国家为 0.5%。

许多东亚"旧小龙"和"新小龙"的预测结果是高速增长，这并不令人惊奇；韩国、马来西亚、新加坡、泰国、中国香港和中国台湾都在高速增长组中（日本没有达到 3.2%）。一个出人意料的结果是过去落后的亚洲国家出现在高增长组中：菲律宾、印度、斯里兰卡和巴基斯坦（中国和越南很可能出现在该组，但由于缺乏数据而被剔除了）。

韩国以 6.2% 的增长率位列第一，因为它具有很高的教育程度、良好的法治环境、低水平的政府支出、低水平的出生率、高投资率和低通货膨胀率。尽管菲律宾、印度和斯里兰卡的基本增长决定因素处于不利地位，但它们的增长率预测比较高，因为它们的人均 GDP 水平只是韩国的八分之一到四分之一。这些都是收敛力量导致高速增长的例子。

高增长组中还有大量的南美国家：秘鲁、阿根廷、智利、巴拉圭、圭亚那和厄瓜多尔。这里有一个关键的假设：最近实现的宏观经济稳定性（相对低的通货膨胀率所反映出来的稳定性）保持不变。巴西正好相反，它出现在低增长组，人均增长率几乎为零。除了低水平的教育程度外，一个主要的原因是通货膨胀率估计在 50%。

在中欧，改革后的波兰在未来呈现高速增长，但匈牙利（增长率预测为 3.5%）恰好没有进入高增长组。其他国家（如捷克共和国）本来可能出现在该组，但由于缺乏数据而被剔除。

在低增长组中，20 个国家中有 13 个属于撒哈拉以南非洲地区国家（其他国家，如尼日利亚、卢旺达和索马里，如果不是由于缺乏数据，它们也可能出现在该组）。塞拉里昂是一个典型，它的法治很差、教育程度低、出生率高、寿命预期低、没有政治自由、政府消费高、通货膨胀率较高，而且实际上也没有投资。塞拉里昂和其他非洲国家确实贫穷，而贫穷不足以产生高增长。

在 OECD 成员中，出现在高增长组的成员只有希腊（西班牙增长率接近 3.8%）。许多发达成员进入了低增长组：丹麦是 1.3%、挪威是1.4%、美国是1.4%、瑞典是1.7%、芬兰是1.9%、英国是2.0%、加拿大是2.0%、德国是2.1%、意大利是2.2%、法国是2.4%。(注意:GDP增长率提高了人口增长率——美国大约每年提高1%,西欧要小一点。)

根据这些结果,我们还可以在某种程度上进一步推测,是否可以通过改变制度或政策使美国、英国或其他发达国家进入高增长组,或者说,把这些国家的长期人均增长率从1.5%~2%提高至4%左右?遗憾的是,答案为否。尽管发达国家可能存在过多的计划和规则的调整,但其制度和政策已相当不错,而且远大于2%的长期人均增长率看起来也与已达到的繁荣状况不协调。

然而,我们还是有可能通过一些措施把长期增长率提高零点几个百分点。例如,减税、削减非生产性政府支出或者改变不利的规则(在前文讨论的跨国经验研究中,这些变量可能很重要,但我们无法测度)。此外,从长期看,增长率提高零点几个百分点具有很大意义,所以实施上述措施也是值得的。从反面看,如果出现价格不稳定或者政府进一步干涉自由市场,那么增长率很可能会降低零点几个百分点。此外,目前还没有证据显示,基础设施投资、研究津贴或教育支出的上升对增长有很大帮助。从总体上看,对于富国而言,2%的人均增长率目前看起来不错,从长期看来也不错。

表1-4　　　　　　　　未来经济增长的胜者和败者

未来增长最好的20个国家(地区)		未来增长最差的20个国家(地区)	
国家(地区)	1996—2000年真实人均GDP增长率预测(%/年)	国家(地区)	1996—2000年真实人均GDP增长率预测(%/年)
韩国	6.2	塞拉利昂	-3.6
菲律宾	5.6	苏丹	-2.7
多米尼加共和国	5.4	马拉维	-0.2
		孟加拉国	-0.2

续前表

未来增长最好的20个国家（地区）		未来增长最差的20个国家（地区）	
国家（地区）	1996—2000年真实人均GDP增长率预测（%/年）	国家（地区）	1996—2000年真实人均GDP增长率预测（%/年）
印度	5.3	尼日尔	−0.1
波兰	5.2	扎伊尔	−0.1
秘鲁	5.2	冈比亚	0.1
斯里兰卡	5.0	博茨瓦纳	0.1
马来西亚	5.0	塞内加尔	0.2
阿根廷	4.7	巴布亚新几内亚	0.2
新加坡	4.6		
泰国	4.6	巴西	0.2
希腊	4.6	刚果	0.3
智利	4.3	阿尔及利亚	0.3
巴拉圭	4.2	赞比亚	0.5
中国香港	4.2	马里	0.8
圭亚那	4.2	尼加拉瓜	0.8
巴基斯坦	3.9	喀麦隆	1.1
中国台湾	3.8	特立尼达和多巴哥	1.2
厄瓜多尔	3.8	哥斯达黎加	1.3
埃及	3.8	乌干达	1.3
地区模式：			
所有国家和地区（86）	2.4		
撒哈拉以南非洲地区（18）	0.5		
拉丁美洲（22）	2.9		
亚洲（18）	3.7		
OECD（21）	2.4		

【注释】

[1] 从长期看,在外生的劳动增进型技术进步中,人均产出水平不断增长,但有效人均产出水平趋于一个稳定值 y^*,因此 y^* 应该从一般意义上理解。

[2] 实际人均 GDP 的数据由萨默斯和赫斯顿（Summers and Heston, 1993）收集,而且可以进行国际比较。图 1-1 的纵轴包含了 1965—1975 年、1975—1985 年和 1985—1990 年的人均增长率,本章对这三个时段进行了详细的经验分析。横轴是 1965 年、1975 年和 1985 年相应的人均 GDP 对数值。

[3] 这些变量的数据和详细定义见巴罗-李数据库,该数据库可以在国家经济研究局网站（nber. harvard. edu）和世界银行网站（www. worldbank. org/html/prdmg/grthweb/ddbarle2. htm）上获得。

[4] 大多数的 GDP 数据来自 Summers-Heston 数据库 5.6 版（简要介绍请查阅 Summers and Heston, 1991, 1993）。Summers-Heston 数据库中没有1985—1990 年的数据,因此该时段的真实 GDP 增长率用世界银行数据（只基于国内账户）。

[5] 表 1-1 中的变量 log(GDP) 是指第一时段的 1965 年值、第二时段的 1975 年值、第三时段的 1985 年值。log(GDP) 的提前五年的值被用作工具变量,这些工具的运用减少了当期 GDP 测量误差带来的估计问题。

[6] 对收敛的全面分析需要考虑各种解释变量（如教育程度、健康状况和出生率）随着经济发展而产生的变化。

[7] 该结果只是一种近似,因为观测到的增长率是五年或十年的均值,而非某个时点的值。内含的瞬时收敛率要稍高于系数所反映的收敛率（参见 Barro and Sala-I-Martin, 1995, chap. 2）。

[8] 残差的计算来自包含所有变量的回归系统,包括初始 GDP 的对数。然而,初始 GDP 对数的贡献被用来计算纵轴上的变量值。残差经过标准化,其均值为零。图中的拟合直线来自残差对初始 GDP 对数的普通最小二乘回归。因此,直线的斜率和表 1-1 中的回归系数有点不同。

[9] 如果用婴儿死亡率来测度健康状况,而不是用寿命预期,则结果类似。

[10] 25 岁以上人口受教育程度在某种程度上比 15 岁以上人口受教育程度更具解释力。

[11] 在过去的研究结果中,巴罗和李（1994）发现女性受中等和高等教育

第 1 章　经济增长和经济收敛

程度的估计系数显著为负,但利用修正过的教育数据,该变量的估计系数基本为零。

[12] 常数项采用 1985—1990 年方程中的常数项。对增长更为精确的预测可能要用向量自回归系统（VAR）,因为该系统可以把所有变量同其滞后观察值相联系。

[13] 约旦本可以作为第 87 个国家,而且事实上它的增长率预测最高——每年 6.9%。然而,表 1-4 中并没有包括约旦,因为约旦河西岸的数据和严格意义上的约旦的数据混在一起。

第 2 章　经济发展和政治发展的相互影响

1. 理论分析

通常认为，可以促进经济增长的经济自由表现为两种形式：自由市场和注重产权维护的小政府。第 1 章讨论的经验结论支持了这一观点。然而，政治自由和经济自由之间的联系更富争议性，最近由西罗威和英克尔斯（Sirowy and Inkeles, 1990）与普沃斯基和利蒙吉（Przeworski and Limongi, 1993）所作的综述的理论部分特别强调了这一点。一些经济学家，如弗里德曼（Friedman，1962），相信这两种自由是相互促进的。根据这种观点，扩大政治权利，给予更多民主，就能扩大经济权利，进而促进经济增长。但是，民主遏制增长的一面也受到了重视，这一面的特征表现在多数表决制度（a system of majority voting）中从富到贫的收入再分配倾向（包括土地改革），以及在代议立法制度（a system with representative legislatures）中利益集团地位的强化。

在某种程度上，独裁政体可能避免了民主的这些缺陷。从理论上看，并没有什么机制能阻止独裁政府维护经济自由和私有产权，而且独裁者也不必参与中央计划的制订。扩大经济自由的独裁政府有智利的皮诺切特政府（Pinochet Government）、秘鲁的藤森政府（Fujimori Administration）、伊朗的沙阿政权（Shah's Regime）以及东亚过去和现在的一些政府。根据施瓦茨（Schwarz，1992）的观察，大多数 OECD 成员在有限政治权利的制度中开始了它们的现代经济发展，并且很长时间后才具有了完善的代议民主制度。

然而，如果独裁者利用权力窃取国家财富以及进行非生产性投资，那么独裁对增长的作用就是不利的。非洲的大部分政府、拉丁美洲的一些政府、过去东欧一些实行计划经济的政府以及菲律宾的马科斯政府（Marcos Administration）看来都属于这种类型。因此，历史告诉我们，独裁者有两类：一类是个人目标与经济增长相冲突的独裁者；另一类是由其利益所决定的、更专注于经济发展的独裁者。该观点与萨赫（Sah，1991，pp.70-71）的观点吻合。萨赫认为独裁是一种风险投资。不管怎样，并不存在一种理论能决定哪种独裁具有普遍性。

民主制度能遏制政府权力，因而限制了政府官员聚敛个人财富和执行公众不认同的政策的可能。由于至少有一些政策既能刺激增长，又能在政治上得到公众支持，因此给予更多的政治权利会促进经济增长。所以，民主对增长的净效应在理论上是不确定的。

政治制度和经济产出之间的相互影响还涉及生活水准对一国国民民主参与倾向的影响。自从利普塞特（Lipset，1959）的研究出现后，通常的看法是繁荣促进民主，这就是所谓的利普塞特假设。利普塞特（Lipset，1959，p.75）看来更愿意将其看成亚里士多德假设（Aristotle Hypothesis）："从亚里士多德开始到现在，人们认为，只有在极少数公民真正贫困的富有社会中，大多数民众才可能理性地参与政治活动，才能培养出必要的自制，以免听信不负责任的政治家的煽动。"[其观点的陈述见（Aristotle，1932，book Ⅵ）。]

繁荣影响民主的理论模型并没有发展成熟。利普塞特（Lipset，1959，pp.83-84）强调，教育程度的上升和中产阶级的扩大是提高"民主政治容忍规则的接受能力"（但愿我理解了这个短语）的基础。他还着重强调了托克维尔（1835）的思想：私有组织和私有机构对于制约独裁很重要。普特南（Putnam，1993）扩展了这一思想，他认为在意大利的一些地区，公民活动的倾向是好政府的关键基础。[1]在休伯、鲁斯切梅耶和史蒂芬斯（Huber，Rueschemeyer and Stephens，1993，pp.74-75）的研究中，核心思想是资本主义的发展削弱了地主阶级的权利，提高了工人阶级和中产阶级的权利及组织能力。

尽管缺乏令人信服的基础理论，本章对跨国经验事实的研究依然证实了利普塞特假设是一条很强的经验规律。具体而言，各种衡量生活水准的指标值的上升导致了民主的逐步上升。相反，在经济没有发展的基础上产生的民主——有时，这种民主是被过去的殖民力量或者国际组织所强加的——就无法持续。假定这条经验规律有效，那么我们认为清晰的理论分析应该可以实现。（这看起来似乎是一个在实际中可分析而在理论上不可行的例子。）

2. 民主对经济增长的影响

本研究测度民主的主要方法是利用加斯蒂尔（Gastil）和他的合作者（1982—1983年以及此后各期）采集的1972—1994年期间的政

治权利指标。1960年和1965年的数据采用伯伦（Bollen，1990）的相关变量数据。[2]加斯蒂尔的政治权利概念体现在其基本定义中，"政治权利是有意义地参与政治活动的权利。在民主政治中，这意味着所有成年人都拥有投票权，都有权竞争公共职位和议员位置，因此对公共政策拥有决定性的一票"（Gastil，1986—1987ed.，p.7）。除了该基本定义以外，还有民主分类体系。如果一国的小党派对政策的影响力不大，那么加斯蒂尔在民主分类体系中将该国划为不太民主的一类。

加斯蒂尔根据他的政治权利概念，主观地按年度把国家划分为7个等级，1等的政治权利水平最高，7等的政治权利水平最低。这是由加斯蒂尔和其合作者依据许多已出版和未出版的各国信息进行的划分。与第1章中讨论的法治指标不同，这种等级的主观划分并不是直接由当地的观察家完成的。

在此，我把1到7的原始等级转换至0到1的区间内，其中0对应最少的政治权利（加斯蒂尔的7等），1对应最大的政治权利（加斯蒂尔的1等）。0到1的数值范围正好与柏伦使用的体系相对应。

图2-1显示的是1960年、1965年和1972—1994年各国民主指标的非加权平均值的时间路径，涉及的国家数目为1960年99个、1965年109个、1972—1994年138个。从图2-1可知，民主指标的平均值在1960年达到最高点0.66，在1975年降到低点0.44，然后逐年上升至1994年的0.58。

从图2-2和图2-3中可以看到，1960年后民主的下降主要来自撒哈拉以南非洲地区国家的民主指标的下降。图2-2显示撒哈拉以南非洲地区国家的民主指标的平均值在1960年达到顶点0.58（26个国家），然后跌至1977年的0.19和1989年的0.18的低位，而后又上升至1994年的0.38（43个国家）。出现这种情况是因为20世纪60年代早期许多非洲国家取得独立并建立了民主制度，但到70年代早期，大部分都演变成为一党独裁制度［进一步的讨论请参见

第 2 章　经济发展和政治发展的相互影响

民主指标值的时点为 1960 年、1965 年、1972—1994 年

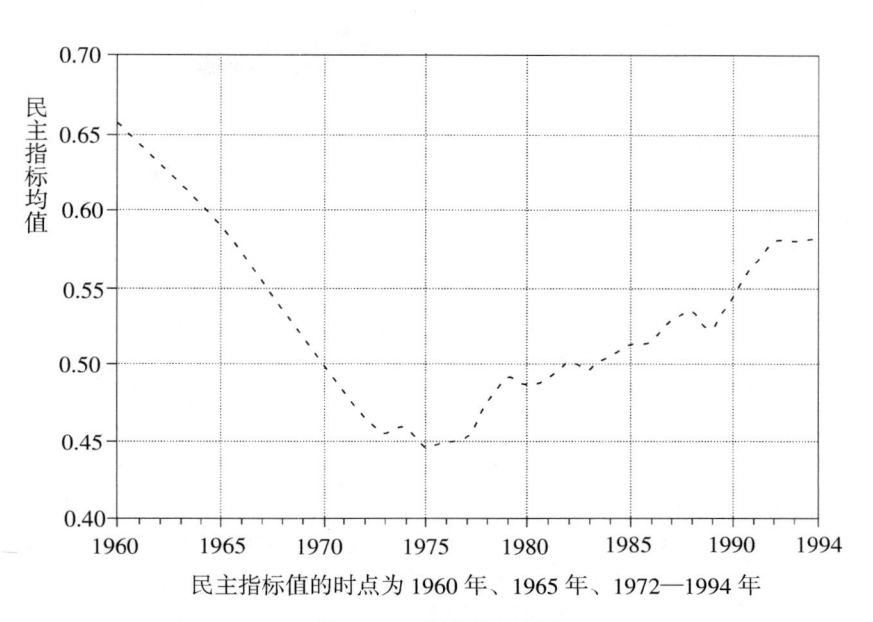

图 2-1　世界民主水平

民主指标值的时点为 1960 年、1965 年、1972—1994 年

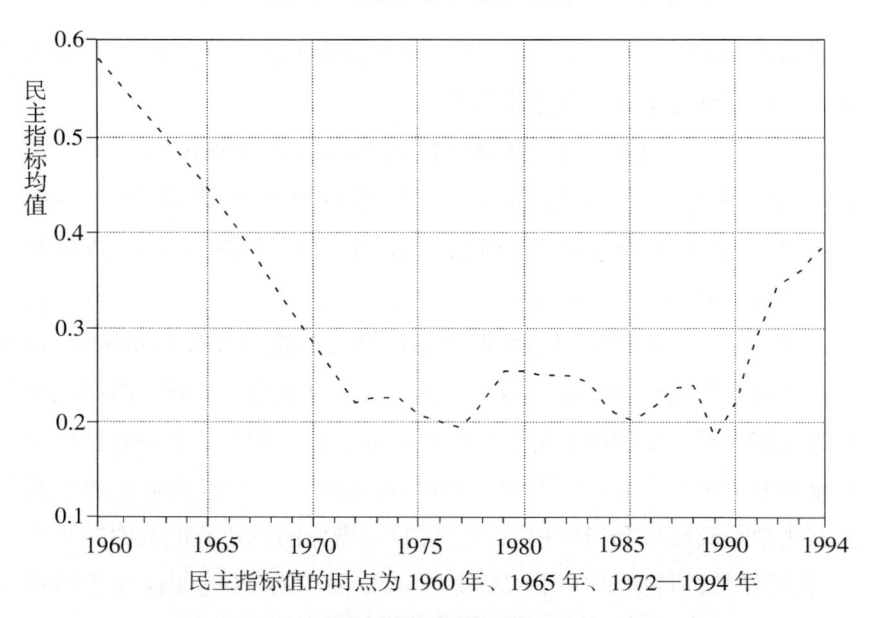

图 2-2　撒哈拉以南非洲地区的民主水平

经济增长的决定因素：跨国经验研究

民主指标值的时点为1960年、1965年、1972—1994年

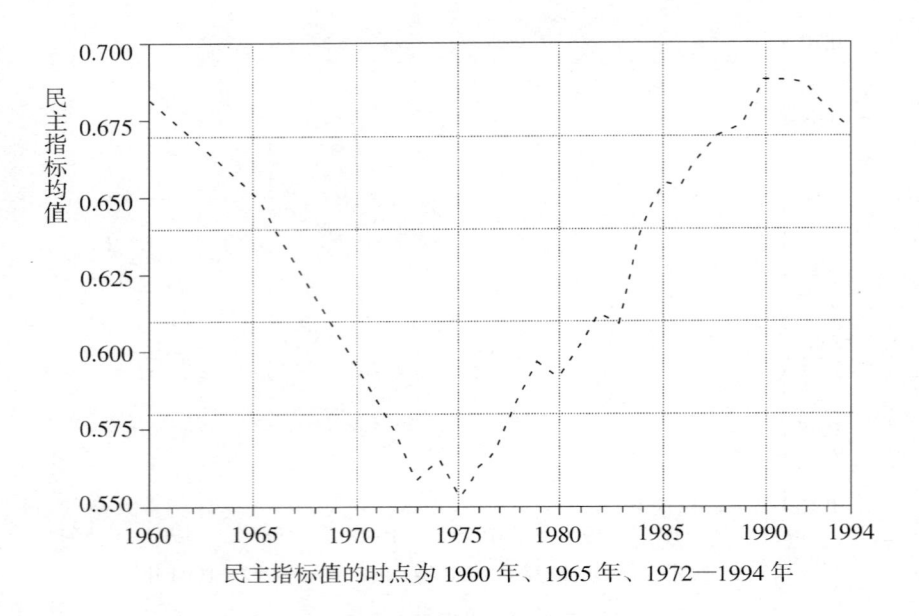

图2-3　撒哈拉以南非洲地区以外的民主水平

（Bollen，1990）]。自1989年以来，非洲国家的民主化取得了巨大进步，但能否维持下去还是个未知数。

从图2-3可以看到，撒哈拉以南非洲地区以外国家的民主指标平均值从1960年的0.68（73个国家或地区）跌至1975年的0.55（95个国家或地区），然后回升到1990年的0.69，再跌至1994年的0.67。

我的一些分析还使用了加斯蒂尔的公民自由（civil liberties）指标。此处对公民自由的定义是"公民自由是言论自由权利、组织或示威的权利以及一定程度上的自治权利，如宗教、教育、旅游和其他个人权利的自由"（Gastil，1986—1987ed.，p.7）。至于该指标的主观性方法则与政治权利指标相同。公民自由指标的原始数值范围是1至7，我同样将其转换至0到1区间，0表示最少的公民自由，1表示最多的公民自由。实际上，正如英克尔斯（Inkeles，1991）所见，公民自由指标和政治权利指标高度相关。

第2章 经济发展和政治发展的相互影响

前文的讨论表明，更多的政治自由对增长的净影响在理论上是不确定的。如果将民主指标线性引入表1-1的回归系统，那么得到的系数估计值是-0.003（0.006），该值为负，但统计上不显著。[3]

表1-1列（1）的系统在指标上允许出现二次形式。在这种情况下，民主及其平方的估计系数都在统计上显著（两项联合显著性检验的p值为0.001）。我得到的结果是线性项的系数为正，但平方项的系数为负——这种结果表明在民主水平较低的情况下增长随民主而上升，但一旦达到适度的政治自由后，两者之间的关系就变为负。[4]那个转折点估计是在民主指标大约0.5的地方出现，这个位置正好对应于马来西亚和墨西哥在1994年的民主水平。

从表1-2可以看到，民主对于投资率的影响类似于非线性关系，使投资率最大化的民主水平仍在0.5附近。

对这些结果的一种解释是，在最坏的独裁政治中，扩大政治权利趋向于促进增长和投资，其关键是得益于对政府权力的限制。但是，当民主已达到适度水平时，政治权利的进一步扩大会不利于增长和投资，因为此时的主要影响来自对收入再分配的高度关注。因此，像马来西亚和墨西哥这样的国家，在1994年的民主水平基础上进一步推进民主化可能会降低增长率。在智利、韩国和中国台湾等地区，政治自由可能已经越过了增长最大化的那个点。（这些国家和地区的民主指标分别从20世纪80年代早期的0.17、0.33和0.33上升到1994年的0.83、0.83和0.67。）

图2-4描绘的是表1-1列（1）的系统所蕴含的增长率和民主指标之间的偏相关关系（在民主指标值为1.0的地方所集中的点对应于许多OECD成员，它们被划为完全民主）。从图中可以识别出倒U形状，在许多低民主和高民主的地方残差为负。[5]在民主处于中间水平的观测点中，只有少数国家具有相当大的负残差，如1975—1985年的圭亚那和1965—1975年的巴基斯坦。

增长和民主之间的总体关系并非如此完美。例如，大量民主程度低的国家具有很大的正残差。另外，中等民主的地方看来可以避免低增长，却没有高增长。因此，这里仅指出了一种非线性关系，即当只有少量政治自由的时候，更多的民主会促进增长，但如果已经获得了适度的自由，更多的民主就会遏制增长。我们不能由此得出结论并认为民主是经济增长的一个关键因素。

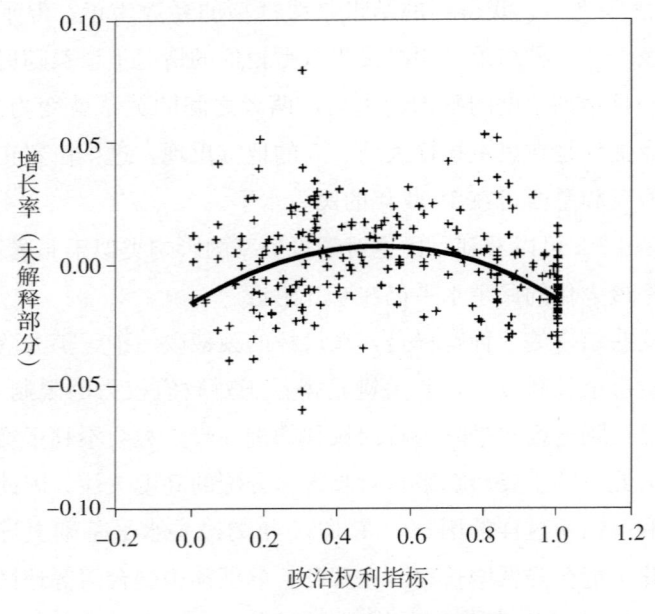

图 2-4 增长率和民主指标

3. 民主的决定框架

考察一下这些跨国数据，我们发现了一个事实——经济发展水平低的国家通常无法维持民主。例如，在 20 世纪 60 年代早期新独立的大多数非洲国家建立了民主自由制度，但无法维持下去。相反，经济出现巨大发展的非民主地区却变得更加民主，如智利、韩国、中国台湾、西班牙和葡萄牙。中欧和东欧的国家有段时间在经济上取得了比较大的进步,特别是教育方面的进步,它们最终都变得更加民主。因此,对这些数据一个大致的见解倾向于支持利普塞特假设。

为了正式评价利普塞特假设,我考虑如下系统:

$$DEMOC_{it}=a_0+a_1 Z_{i,t-T}+a_2 DEMOC_{i,t-T}+\mu_{it} \qquad (2.1)$$

式中,i 为国家和地区;t 为时期;T 为时间滞后值,通常设为 5 年;$DEMOC$ 为民主指标;Z 为影响民主程度变量的向量,如人均 GDP 和教育;u 为残差项。

该等式的含义是:如果 $0<a_2<1$,那么一国的民主程度随着时间逐步收敛于由 Z 变量决定的(不断变化的)目标值。事实上,Z 变量本身随时间具有高度持续性。

在具体操作上,我使用面板技术,因变量 $DEMOC_{it}$ 在每个国家最多有六个观测值:1972 年、1975 年、1980 年、1985 年、1990 年和 1994 年(1972 年是 Gastil 样本的初始年份)。变量 $Z_{i,t-T}$ 和 $DEMOC_{i,t-T}$ 的值是比这些年份大约早 5 年的观测值。[6]($DEMOC_{t-T}$ 的值是指 1965 年、1972 年、1975 年等。)

4. 民主的回归结果

表 2-1 列(1)列出了基本回归结果。该系统包含常数项和民主的 5 年滞后值。[7]解释变量仍包括一些衡量生活水准的指标:真实人均 GDP 的对数、出生时的寿命预期对数[8]和受教育程度。这些指标的观察值基本上比因变量早 5 年。最具解释力的变量是受教育程度,数据采用 15 岁及 15 岁以上的男性和女性受小学教育年限。

我还采用了国际货币基金组织(International Monetary Fund,IMF)[9]设计的石油输出国虚拟变量,将其作为自然资源贡献对 GDP 的大致调整。也就是说,石油等自然资源产生的收入所引起的民主化的压力，要小于人力资本和物质资本积累产生的收入所引起的民主化的压力。

自利普塞特（Lipset，1959）（参见 Lipset，Seong and Torres，1993；Lipset，1994）以来的政治科学文献中提出了其他一些可能对民主产生影响的因素，我的模型设定也考虑了这些因素。城市化率（urbanization rate）对民主的影响尽管在理论上并不明确，但它经常被看作民主的决定因素而被提及（城市地区便利的通信和交通，可以使民众更容易反对压制，但这些条件也使得独裁者更容易监视和控制民众）。民主和城市化之间具有显著的简单正相关关系，但城市化也和实际人均 GDP 以及其他一些生活水准测度指标等回归变量具有正相关关系。总之，该系统包含了城市化率，其观察值比因变量早 5 年。[10]

该系统还包含了对国家大小的测度以及前 5 年人口数量的对数。然而，一个更大的地区是更民主还是更不民主，从经验上看并不明显［这里有个选择问题：目前，还没有一个国家变得太大而不能分裂；对国家大小决定因素的讨论请参见（Alesina and Spolaore，1995）］。

表 2-1 中列（1）的第一个观察结果是滞后民主指标的估计系数是 0.67（s.e.＝0.03）。因此，民主随时间具有高度持续性，但在 5 年中向目标值（由其他变量决定）调整了大约三分之一。

表 2-1　　　　　　　　对民主和公民自由的回归

自变量	因变量		
	(1) 民主	(2) 民主	(3) 公民自由
常数	−0.91	−0.54	−0.48
	(0.26)	(0.28)	(0.21)
$DEMOC_{t-5}$	0.672	0.650	0.680
	(0.028)	(0.042)	(0.026)
log(GDP)	0.045	0.041	0.037
	(0.017)	(0.019)	(0.014)
男性受初等教育程度	−0.056	−0.047	−0.037
	(0.014)	(0.015)	(0.011)

第 2 章 经济发展和政治发展的相互影响

续前表

自变量	因变量		
	(1) 民主	(2) 民主	(3) 公民自由
女性受初等教育程度	0.060	0.053	0.047
	(0.014)	(0.015)	(0.011)
log(寿命预期)	0.187	0.100	0.096
	(0.076)	(0.085)	(0.062)
城市化率	−0.102	−0.061	−0.032
	(0.048)	(0.051)	0.039
log(人口)	0.006	0.005	−0.002
	(0.004)	(0.005)	(0.004)
石油国虚拟变量	−0.107	−0.129	−0.101
	(0.030)	(0.032)	(0.025)
$DEMOC_{t-10}$		0.035	
		(0.040)	
R^2	0.59, 0.74, 0.66	0.73, 0.67	0.59, 0.81, 0.77
	0.74, 0.76, 0.55	0.75, 0.76, 0.57	0.83, 0.70, 0.72
观察点个数	85, 97, 101	89, 101	85, 97, 101
	102, 105, 102	102, 105, 102	102, 105, 102

注：系统（1）有 6 个方程，其中因变量为 1972 年、1975 年、1980 年、1985 年、1990 年和 1994 年的加斯蒂尔民主指标值。变量 $DEMOC_{t-5}$ 的值分别对应于 1965 年、1972 年等［1965 年的值来自（Bollen，1990）］。变量 GDP（真实人均 GDP）、男性和女性受初等教育程度（15 岁以上受初等教育年限）、城市化率和人口数据对应于 1965 年、1970 年等。出生时的寿命预期对应于 1960—1964 年、1965—1969 年等。国际货币基金组织认定为石油输出国的，其石油虚拟变量等于 1，否则为 0。系统（2）只包含五个方程，它们的民主指标值开始于 1975 年。该系统加入了第二个滞后指标（其值对应于 1965 年、1972 年等）作为解释变量。系统（3）的因变量和滞后指标是加斯蒂尔公民自由指标［1965 年的值来自（Bollen，1990），与民主指标一致］，其他方面与系统（1）相同。

表中每个系统只包含一个常数。系统用 SUR 技术估计，每个国家的权重相等，但允许各期误差的方差不同，各期误差之间可存在相关性。括号中为估计系数的标准差。R^2 分别对应各期。

对生活水准的回归结果强烈支持了利普塞特的思想：繁荣的地区可能更民主。log(GDP) 和 log(寿命预期) 的估计系数都显著为正：

分别为 0.045（0.017）和 0.187（0.076）。因此，民主的目标水平随生活水准指标的上升而上升。

15 岁以及 15 岁以上女性受初等教育程度的估计系数为 0.060（0.014），显著为正；然而，15 岁以及 15 岁以上男性受初等教育程度的估计系数为－0.056（0.014），显著为负。[11] 令人惊讶的是，一旦 GDP 和寿命预期控制不变，受教育程度就无助于解释民主。然而，男性受教育程度超过女性越少（即性别之间的教育机会越平等），民主的目标水平就越高。从更一般的意义上看，男性和女性之间受教育程度的差距被看作教育平等性的代理变量。然而，教育不平等性的直接测度对民主并没有很好的解释力。回想托克维尔（Tocqueville，1835）的结论，也许更合理的看法是妇女受教育机会的增大伴随着具有更大参与度的社会结构，因而更容易接受民主。

石油国虚拟变量的估计系数为－0.107（0.030），显著为负，表明石油国高水平的人均 GDP 对民主并不具有通常的正面效应。在更一般的情况下，该结果可以推广到自然资源经济活动，这看起来是可行的。为了检验这种想法，我引进了萨克斯和沃纳（Sachs and Warner，1995）所采用的自然资源密集度测度：初级产品出口对总出口的比率或初级产品出口对 GDP 的比率（1971）。然而，在将这些变量引入表 2-1 列（1）系统后，它们并不显著。例如，出口产品中初级产品的比重的估计系数为 0.005（0.029），而石油虚拟变量的估计系数为－0.129（0.032），与表 2-1 中的结果基本一样。然而，更好的自然资源测度可能比石油虚拟变量的效果要好。

测度生活水准的变量有 log(GDP)、log(寿命预期)、男性（女性）受初等教育程度和石油虚拟变量。这些变量的联合显著性检验的 p 值为 0.000。因此，民主和生活水准之间具有稳固的联系。[12]

在表 2-1 列（1）的系统中，城市化率以负值进入系统，估计系数为－0.102（0.048）。因此，只要生活水准指标固定不变，更多的农村地区实现民主就是可能的了。

第 2 章 经济发展和政治发展的相互影响

人口对数的估计系数为 0.006（0.004），为正，但不显著（民主和国家大小之间的简单相关系数也接近零）。因此，并没有明确的证据表明更大的国家更民主或更不民主。

表 2-1 列（2）加入了第二个民主滞后指标，即比因变量早大约 10 年的民主值（该系统只包括 5 个方程，它们的民主观察值从 1975 年开始）。5 年滞后变量和 10 年滞后变量的估计系数分别为 0.650（0.042）和 0.035（0.040）。因此，如果 5 年前的状况控制不变，那么并没有迹象表明更长的民主历史会有更大的作用。

表 2-2 考虑了其他一些可能的民主决定因素，其中许多因素已经在政治科学文献中提出来了。将这些变量放入表 2-1 列（1）所示的六方程回归系，一次放入一组。例如，在表 2-2 的第一行，婴儿死亡率的估计系数为 -0.42（0.53），不显著。婴儿死亡率和寿命预期高度相关，并且在回归中两者的区别基本不大。

表 2-2 的第二个回归加入了 15 岁以及 15 岁以上男性和女性受中、高等教育程度。这些变量的单个显著性和联合显著性均不显著，但初等教育程度的估计系数仍然保持显著［男性为 -0.064（0.017），女性为 0.069（0.017）］。因此，对民主化起作用的看来是早期教育。类似的结果也适用于出生率和健康状况的决定。然而，经济增长率（及投资率）与中、高等教育程度的相关程度远超其与初等教育程度的相关程度。

表 2-2 的第三个回归包括了不平等性测度——由收入分布数据的基尼系数（Gini coefficient）衡量（基尼系数越高，表明不平等性越大）。前三个方程（1972 年、1975 年和 1980 年）中的基尼系数用 20 世纪 60 年代早期的数据，后三个方程（1985 年、1990 年和 1994 年）中的基尼系数用 80 年代早期的数据。这些收入分布数据已经在许多研究中得到使用，但被认为很不准确。[13] 不管怎样，不平等性的估计系数基本为零。尽管样本观察点大大减少（因为不平等性数据有限），但其他解释变量的估计系数仍然类似于表 2-1 列（1）中的结果。

表 2-2　　民主的其他决定因素

自变量	回归系数
1. 婴儿死亡率	−0.42 (0.53)
2. 男性受中、高等教育程度	0.021 (0.024)
女性受中、高等教育程度	−0.016 (0.027)
	p 值＝0.60
3. 收入不平等性（基尼系数）	0.02 (0.12)
4. 教育不平等性	−0.058 (0.043)
[15 岁以上人口 log（1＋教育年限）的标准差]	
5. 种族语言分布	−0.004 (0.032)
6. 法治指标	0.048 (0.056)
7. 以前的殖民地虚拟变量	−0.010 (0.017)
8. 英国殖民地虚拟变量	−0.018 (0.018)
法兰西殖民地虚拟变量	−0.007 (0.026)
西班牙殖民地虚拟变量	−0.002 (0.022)
葡萄牙殖民地虚拟变量	0.031 (0.044)
其他殖民地虚拟变量	−0.010 (0.032)
	p 值＝0.82
9. 伊斯兰教分布	−0.076 (0.028)
新教分布	0.054 (0.031)
印度教分布	0.119 (0.052)
佛教分布	0.046 (0.054)
各种东方宗教分布	−0.130 (0.073)
犹太教分布	0.058 (0.076)
非宗教分布	−0.266 (0.096)
其他宗教分布	−0.061 (0.052)
	p 值＝0.0002

注：表中所示的解释变量组被引入表 2-1 列（1）的民主回归系统，每次引入一组（第六组仅适用于三个时期，民主值始于 1985 年）。

婴儿死亡率用于 1965 年、1970 年等。中、高等教育程度是指 15 岁以及 15 岁以上男性或女性受中等及高等教育年限。收入不平等性是指收入数据的基尼系数，前三个方程为 1960 年左右的数据，后三个方程为 20 世纪 80 年代早期的数据。其数值越高，表示不平等性越高。教育不平等性是指 1965 年、1970 年等年份所有人口中 15 岁以及 15 岁以上的 log（1＋教育年限）的标准差。种族语言分布变量取值在 0 至 1 之间，是语言和种族的差异化测度，每个国家一个观察值，变量值表示两个随机选择的人来自不同群体的概率，因此

第 2 章 经济发展和政治发展的相互影响

其值越高，表示差异化程度越大。对这些数据的讨论见莫罗（Mauro，1995）。法治指标曾在克纳克和基弗（Rnack and Keefer，1995）中讨论过，该指标是法治维护程度的主观指标，1982—1995年的数据可从政治风险服务处（Political Risk Services）获得。该变量取值在0至1之间，数值越高，表示政治环境越有利。

殖民地指标是过去或现在的殖民地国家虚拟变量。任何一个在1776年前独立的国家都不再看作殖民地。在第八组，过去英国的殖民地、法兰西的殖民地、西班牙的殖民地、葡萄牙的殖民地以及其他殖民地的虚拟变量一起引入表2-1列（1）的系统。殖民状态取决于最近的统治者，如菲律宾归属于美国殖民地而非西班牙殖民地。

在第九组，八个主要宗教团体的人口分布一起引入表2-1列（1）的系统。遗漏的宗教种类是天主教。宗教数据来自巴雷特（Barrett，1982）的研究，前三个方程用1970年的数据，后三个方程用1980年的数据。新教团体包括安立甘宗、东正教、边缘新教（耶和华见证人派、摩门教、新纪元派）和秘密基督（crypto-Christians）（不公开宣称的、秘密信仰救世主的人）。东方宗教包括中国民间宗教、儒教和新兴宗教。非宗教由公开表示不信教者和无神论者组成。其他宗教包括印度拜火教、唯灵派、部落宗教、非西方输入的本土第三世界基督以及大同教。耆那教和锡克教被划为印度教。

我们发现不平等性对民主并不重要，但该结论可能反映收入分布数据质量之差，而非不平等性和民主之间的不相关性。具体而言，对于收入不平等的测度，其他自变量（如女性受初等教育程度）可能要优于基尼系数。7种等级的教育程度让我们可以建立教育不平等性的测度。表2-2的第四个回归把两种性别15岁以及15岁以上人口$\log(1+$教育年限$)$[14]的标准差作为自变量，该变量的观察时点在1965年、1970年等。其估计系数为负[−0.058（0.043）]，表明教育不平等性越高，民主越低，但按传统的临界水平，系数在统计上不显著。男性和女性受初等教育程度的估计系数在此依然保持显著：分别为−0.047（0.015）和0.051（0.016）。如果把教育年限的基尼系数作为教育不平等性的另一种测度，那么估计系数还是为负，但统计显著性更低。因此，这些结果表明，男性和女性受教育年限仅仅作为教育不平等性的代理变量并不能引入回归方程。

由种族、语言和文化引起的人口差异程度对民主也有重要影响。通常的看法是，差异程度越大，民主越难维持。对人口差异程度的标准测度是种族语言分布（ethnolinguistic fractionalization），它衡量一个国家内语言和种族的差异程度[详见莫罗（Mauro，1995）的讨论]。该变量取值在0至1之间，是一国内部随机选择的两个人来自不同群体的概率。因此，0代表最均质的状况，1代表差异化程度最高的状况。表2-2的第五个回归表明种族语言分布变量（一个国家只有一个观察值）的估计系数接近零。

法治指标对经济增长具有强大的解释力。然而，政治自由和法治之间的关系并不十分清楚。最近，西罗威和英克尔斯（Inkeles, 1990）与普沃斯基和利蒙吉（Limongi, 1993）综述的理论部分也强调了这一点。一些经济学家，如弗里德曼（Friedman, 1962），认为两个变量之间相互促进，但其他经济学家认为两个变量之间基本是相互独立的。

表2-2的第六个回归在民主方程中引入了法治指标的滞后值来检验法治与政治自由之间的关系。由于法治变量的数据开始于1982年，因此该系统仅包括1985年、1990年和1994年的民主方程，法治变量取1982年、1985年和1990年的值。其结果是，法治变量的估计系数为0.048（0.056），数值为正，但不显著。因此，如果保持生活水准指标不变，那么并没有多少证据表明法治能促进政治自由。然而，从更间接的角度看，法治的扩大会促进经济增长，随着时间的推移也会提高生活水准，因而也能促进民主的发展。

法治变量也可以被看作一个系统的因变量，这个系统的自变量为法治变量自身的滞后值和其他变量的滞后值，包括民主指标。（此处使用1985年、1990年和1995年三个方程。）在该回归系统中，民主以正系数引入回归方程，系数为0.026（0.027），但系数在通常的临界水平上并不显著。因此，同样没有确凿的证据表明政治自由能促进法治的维护。

如果殖民地国家从过去的殖民统治者那里延续了或多或少的政治自由，那么殖民传统对民主就有重要意义。例如，利普塞特、塞昂和托里斯（Lipset, Seong and Torres, 1993, p.168）认为，英国的统治为后来的民主提供了重要的学习经验。在表2-3中，非殖民地国家（地区）被定义为1775年以前就独立，并自1775年以来一直独立的国家（地区）（所以美国是英国的前殖民地）。每一个以往的殖民地

第2章 经济发展和政治发展的相互影响

都归于其最近的占领者。例如，菲律宾归于美国而非西班牙，卢旺达和布隆迪归于比利时而非德国，一些加勒比地区国家归于英国而非西班牙。对于诸如韩国、中国台湾、匈牙利和波兰等国家或地区，它们曾被外来势力占领过一段时期，本分类法把它们归于非殖民地国家和地区。

表 2-3　殖民状态、宗教和民主之间的关系

	国家（地区）个数	民主指标（1975—1994 年的均值）
1. 殖民状态		
非殖民地	32	0.69
殖民地	106	0.46
英国殖民地	53	0.54
法兰西殖民地	23	0.25
西班牙殖民地	16	0.60
葡萄牙殖民地	5	0.28
其他殖民地	9	0.35
所有国家（地区）	138	0.51
2. 宗教关系		
1980 年的主要宗教关系		
天主教	49	0.60
伊斯兰教	32	0.26
新教	24	0.78
印度教	5	0.66
佛教	4	0.56
各种东方宗教	3	0.45
犹太教	1	0.85
非宗教	1	0.10
其他宗教	17	0.28
存在宗教数据的所有国家（地区）	136	0.51

注：参见正文的详细分析；对殖民状态和宗教关系的定义见表 2-2。表中第三列列出了 1975—1994 年各组国家（地区）民主指标的平均值，宗教关系是指这些国家（地区）1980 年存在的最普遍的宗教关系。

表2-3的第一部分显示,32个非殖民地国家(地区)(1975—1994年民主指标的均值为0.69)比殖民地国家(地区)(均值为0.46)可能更民主。在殖民地国家(地区)中,过去英国和西班牙占领地区的民主程度要远超法兰西、葡萄牙或其他国家占领地区的民主程度(在较早的时期,过去西班牙占领的地区看起来民主程度差一点)。

在统计分析中,如果保持生活水准指标不变,则表2-2的第七个回归显示殖民状态的虚拟变量(过去的殖民地取1,非殖民地取0)对民主而言不显著。此外,第八个回归表明对英国、法兰西、西班牙、葡萄牙和其他殖民地的分类分析并不能得到任何显著的系数(五个系数的联合显著性检验 p 值为0.82)。结合表2-3,这些结果表明以前的殖民状态对民主趋势的影响必须通过生活水准指标(如GDP、寿命预期、男性和女性受初等教育程度)间接发生作用,这些间接联系值得进一步研究。

宗教关系(religious affiliation)同样被认为是一个重要的民主决定因素 [参见(Huntington,1991,pp.71-85;Lipset,1994,p.5)]。(关于宗教和政治结构之间相互作用的理论甚至比民主理论的其他方面还要不成熟。)为了检验宗教和政治自由之间的关系,我采用李钟和(Jong-Wha Lee)所收集的1970年和1980年人口分布数据,其涉及九个主要团体[15]:天主教、伊斯兰教、新教(包括圣公会教和其他基督团体)、印度教(包括耆那教和印度锡克教)、佛教、各种东方宗教(中国民间宗教、日本神道教、儒教和新兴宗教)、犹太教、非宗教(包括无神论),以及其他宗教团体(如印度拜火教、大同教、唯灵派、部落宗教和本土第三世界基督)。

表2-3的第二部分证实了一国的主要宗教关系和民主强烈相关。根据1980年最普遍的宗教对国家进行分类后,1975—1994年的民主指标平均值为:犹太教0.85(1个国家)、新教0.78(24个国家)、印度教0.66(5个国家)、天主教0.60(49个国家)、佛教0.56(4

第2章 经济发展和政治发展的相互影响

个国家)、各种东方宗教0.45（3个国家）、其他宗教0.28（17个国家)、伊斯兰教0.26（32个国家）。只有在中国，非宗教成为最普遍的宗教关系，其民主平均值为0.10。所有具有宗教数据的136个国家的民主平均值为0.51。

分类分析的一个显著结论是：新教国家几乎总是非常民主，而伊斯兰国家通常都不民主。在32个伊斯兰国家中，1975—1994年的民主平均值在0.5及0.5以上的国家只有4个：冈比亚、塞内加尔、马来西亚和土耳其。

表2-2的第九个回归列出了民主方程中引入八个宗教关系变量后的结果。[16]（如国家的权重相等，则天主教是最普遍的宗教，但回归中随意的选择将它忽略。）回归结果表明，在5%临界水平上宗教系数显著的只有：非宗教−0.27（0.10），印度教0.12（0.05）和伊斯兰教−0.08（0.03）。新教的估计系数为0.05（0.03），数值为正，但不显著。因此，表2-3中宗教所表现出来的强大解释力，特别是新教国家和伊斯兰国家在民主趋势上的对比，在被控制不变的生活水准衡量方式中得到很大程度的体现。

p值为0.0002，表明八个宗教系数在总体上显著，但这种显著性在很大程度上取决于少量异常观察值。例如，假定生活水准指标不变，显著为正的印度教系数主要反映了印度和毛里求斯异常高的民主程度。如果将这两个国家从样本中忽略，那么印度教估计系数就降到0.041（0.064）。非宗教变量的系数显著为负，这主要是因为包括了中国。中国的非宗教变量值超过了0.5。[17]如果忽略中国，那么非宗教变量的估计系数变为−0.25（0.14），点估计值基本一样，但标准差的上升消除了统计显著性。

宗教系数微弱的估计结果并不一定意味着宗教对于理解政治自由（或其他方面）毫不重要。相反，它意味着宗教对民主的主要影响是通过对经济变量施加影响而间接发生作用，如通过女性受教育程度施加影响。既然表2-3中出现了这种明显的模式，那么这些间接影响渠道就值得进一步研究。

着眼于政治权利（特别是选举所起的作用）的民主指标是一个狭窄的指标。相反，加斯蒂尔的公民自由指标是一个更广泛的概念，包含言论、出版和宗教的自由，还考虑了各种法律保护。然而，在现实中，公民自由变量与民主指标高度相关：1972年两者的相关系数为0.86、1980年为0.93、1990年为0.94、1994年为0.91。毫不奇怪，如果存在这种高度相关性，那么表2-1列（3）中以公民自由指标作为因变量的回归结果看起来就类似于前面民主指标的回归结果。[18]这说明促进政治权利的经济力量和社会力量类似于促进公民自由的力量。

5. 民主的长期预测

表2-1列（1）的估计结果表明，民主向着滞后民主变量以外的解释变量所决定的值逐步调整。[19]在一个完整的系统里，这些解释变量的动态特征同样是确定的。事实上，尽管GDP与其他变量的逐步演化过程和经济发展过程相一致，但这些变量随着时间的推移具有高度持续性。其中，一些变量已经在第1章中从经济增长率角度研究过了。[20]

使民主的当期值和长期目标值相联系的一个简单方法是计算出每个时期的民主估计值。如果右边所有的变量（不包括滞后民主变量）都设定为当期值，那么民主估计值将渐趋上升。例如，在1975年，根据表2-1列（1）的回归变量在1970年的值（寿命预期用1965—1969年的数据），我们可以预测出民主的长期值。[21]表2-4列出了1975年和1994年民主的实际值及预测值。差距是民主的当期值和长期目标值之差。如果差距在数量上超过0.33，则以黑体显示。

在1975年100个具有数据的国家（地区）中，13个国家

第2章 经济发展和政治发展的相互影响

（地区）的民主当期值比民主长期目标值至少低0.33，5个国家（地区）的民主当期值比民主长期目标值至少高0.33。在1994年102个具有数据的国家（地区）中，8个国家（地区）的民主当期值比民主长期目标值至少低0.33，12个国家（地区）的民主当期值比民主长期目标值至少高0.33。1994年正差距的国家（地区）数目要大于1975年，这反映了全球民主上升的趋势（图2-3），而且这种趋势超过了模型中民主目标水平的趋势。

民主收敛率估计值为每五年约三分之一〔根据表2-1列（1）民主滞后变量的系数〕，因此在19年的时间里大量国家向民主平均值回归。

在非洲国家中，博茨瓦纳、冈比亚和毛里求斯在1975年看起来"太民主"，但冈比亚在1994年发生了政变，"太民主"的情况发生了变化。博茨瓦纳和毛里求斯在1994年的民主值依然高于民主目标值，但差距要小于1975年。

一些非洲国家在1975年极度不民主，如贝宁和卢旺达。然而，最近的民主化浪潮使得许多非洲国家变得比1994年的预测值更加民主。这些国家包括贝宁、中非共和国、几内亚比绍、马拉维、马里、莫桑比克、尼日尔和赞比亚。在一些国家，民主化很明显来自国际组织的压力和奖励，如国际货币基金组织（IMF）和世界银行。（最近美国在海地的努力也属此类。）

不管怎样，与20世纪60年代的非洲经验一样，回归分析得出的预测结果是，远超经济发展水平的民主进程将不能持续（尼日尔在1996年1月发生军事政变，然后就变得不民主了，这或许是该预测结果的一个信号）。在1975年，南非低于民主目标值，在1994年则高于民主目标值，但预测的结果是南非的民主值将变低。

在1994年，还有一些非洲国家仍在民主目标值以下，比较明显的有卢旺达、苏丹和斯威士兰。（尼日利亚和索马里很可能属此类，但由于数据缺乏，故不在表2-4中。）

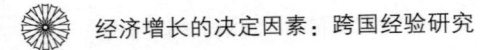

表 2-4　　民主的实际值和长期值

国家（地区）		1975 年民主值			1994 年民主值		
		实际值	预测值	差距	实际值	预测值	差距
阿尔及利亚	Algeria	0.17	0.01	0.16	0.00	0.20	−0.20
贝宁	Benin	0.00	0.36	**−0.36**	0.83	0.24	**0.59**
博茨瓦纳	Botswana	0.83	0.51	0.32	0.83	0.76	0.08
喀麦隆	Cameroon	0.17	0.27	−0.10	0.17	0.38	−0.21
中非共和国	Central African Republic	0.00	0.15	−0.15	0.67	0.13	**0.54**
刚果	Congo	0.33			0.50	0.48	0.02
埃及	Egypt	0.17	0.38a	−0.21	0.17	0.44	−0.27
冈比亚	Gambia	0.83	0.18a	**0.65**	0.00	0.17	−0.17
加纳	Ghana	0.00	0.25	−0.25	0.33	0.21	0.12
几内亚比绍	Guinea-Bissau	0.17			0.67	0.18	**0.48**
肯尼亚	Kenya	0.33	0.23	0.10	0.17	0.38	−0.21
莱索托	Lesotho	0.33	0.59	−0.25	0.50	0.76	−0.26
利比里亚	Liberia	0.17	0.25	−0.08	0.00		
马拉维	Malawi	0.00	0.06	−0.06	0.83	0.21	**0.63**
马里	Mali	0.00	0.17	−0.17	0.83	0.27	**0.56**
毛里求斯	Mauritius	0.83	0.48	**0.35**	1.00	0.75	0.25
莫桑比克	Mozambique	0.17	0.33	−0.16	0.67	0.32	**0.34**
尼日尔	Niger	0.00	0.27	−0.27	0.67	0.32	**0.34**
卢旺达	Rwanda	0.00	0.31	−0.31	0.00	0.30	−0.30
塞内加尔	Senegal	0.17	0.22	−0.05	0.50	0.28	0.22
塞拉利昂	Sierra Leone	0.17	0.18	−0.01	0.00	0.16	−0.16
南非	South Africa	0.50	0.64	−0.14	0.83	0.61	0.23
苏丹	Sudan	0.17	0.33	−0.16	0.00	0.39	**−0.39**
斯威士兰	Swaziland	0.17	0.45	−0.29	0.17	0.54	**−0.37**
坦桑尼亚	Tanzania	0.17	0.21	−0.05	0.17	0.26	−0.10
多哥	Togo	0.00	0.21	−0.21	0.17	0.15	0.01

第2章 经济发展和政治发展的相互影响

续前表

国家（地区）		1975年民主值			1994年民主值		
		实际值	预测值	差距	实际值	预测值	差距
突尼斯	Tunisia	0.17	0.35	−0.19	0.17	0.36	−0.19
乌干达	Uganda	0.00	0.27	−0.27	0.33	0.32	0.02
扎伊尔	Zaire	0.00	0.15	−0.15	0.00	0.07	−0.07
赞比亚	Zambia	0.33	0.15	0.18	0.67	0.07	**0.60**
津巴布韦	Zimbabwe	0.17	0.41	−0.24	0.33	0.48	−0.14
巴巴多斯	Barbados	1.00	0.84	0.16	1.00	0.92	0.08
加拿大	Canada	1.00	0.96	0.04	1.00	(1.06)	−0.06
哥斯达黎加	Costa Rica	1.00	0.76	0.24	1.00	0.86	0.14
多米尼加共和国	Dominican Republic	0.50	0.57	−0.07	0.50	0.66	−0.16
萨尔瓦多	El Salvador	0.83	0.46	**0.37**	0.67	0.63	0.03
危地马拉	Guatemala	0.50	0.50	0.00	0.50	0.63	−0.13
海地	Haiti	0.17	0.36	−0.19	0.33	0.21	0.13
洪都拉斯	Honduras	0.17	0.49	−0.32	0.67	0.45	0.22
牙买加	Jamaica	1.00	0.78	0.22	0.83	0.81	0.03
墨西哥	Mexico	0.50	0.56	−0.06	0.50	0.80	−0.30
尼加拉瓜	Nicaragua	0.33	0.53	−0.19	0.50	0.56	−0.06
巴拿马	Panama	0.00	0.74	**−0.74**	0.83	0.79	0.04
特立尼达和多巴哥	Trinidad and Tobago	0.83	0.85	−0.02	1.00	0.88	0.12
美国	United States	1.00	(1.02)	−0.02	1.00	(1.11)	−0.11
阿根廷	Argentina	0.50	0.74	−0.24	0.83	0.76	0.07
玻利维亚	Bolivia	0.17	0.25	−0.09	0.83	0.45	**0.39**
巴西	Brazil	0.50	0.64	−0.14	0.83	0.76	0.08
智利	Chile	0.00	0.65	**−0.65**	0.83	0.74	0.09
哥伦比亚	Colombia	0.83	0.59	0.25	0.67	0.83	−0.16

续前表

国家（地区）		1975年民主值			1994年民主值		
		实际值	预测值	差距	实际值	预测值	差距
厄瓜多尔	Ecuador	0.00	0.59	**−0.59**	0.83	0.72	0.11
圭亚那	Guyana	0.50	0.67	−0.17	0.83	0.65	0.19
巴拉圭	Paraguay	0.33	0.61	−0.27	0.50	0.68	−0.18
秘鲁	Peru	0.17	0.41	−0.25	0.33	0.55	−0.21
乌拉圭	Uruguay	0.33	0.75	**−0.41**	0.83	0.77	0.07
委内瑞拉	Venezuela	0.83	0.53	0.30	0.67	0.46	0.21
巴林	Bahrain	0.17			0.17	0.43	−0.27
孟加拉国	Bangladesh	0.00	0.38	**−0.38**	0.83	0.46	**0.37**
中国大陆	China	0.00	0.53^a	**−0.53**	0.00	0.53	**−0.53**
中国香港	Hong Kong	0.67	0.45	0.22	0.33	0.85	**−0.51**
印度	India	0.83	0.20	**0.63**	0.50	0.38	0.12
印度尼西亚	Indonesia	0.33	(−0.05)	**0.38**	0.00	0.25	−0.25
伊朗	Iran	0.17	0.22	−0.05	0.17	0.26	−0.10
伊拉克	Iraq	0.00	0.15	−0.15	0.00	0.09	−0.09
以色列	Israel	0.83	0.71	0.12	1.00	0.86	0.14
日本	Japan	0.83	0.91	−0.08	0.83	(1.06)	−0.23
约旦	Jordan	0.17	0.22	−0.06	0.50	0.57	−0.07
韩国	South Korea	0.33	0.50	−0.17	0.83	0.81	0.03
马来西亚	Malaysia	0.67	0.40	0.27	0.50	0.73	−0.23
尼泊尔	Nepal	0.17	0.34	−0.17	0.67	0.33	**0.34**
巴基斯坦	Pakistan	0.33	0.30	0.03	0.67	0.44	0.23
菲律宾	Philippines	0.33	0.62	−0.29	0.67	0.74	−0.07
新加坡	Singapore	0.33	0.36	−0.03	0.33	0.73	**−0.39**
斯里兰卡	Sri Lanka	0.83	0.70	0.13	0.50	0.82	−0.32
叙利亚	Syria	0.17	0.29	−0.13	0.00	0.54	**−0.54**

第2章 经济发展和政治发展的相互影响

续前表

国家（地区）		1975年民主值			1994年民主值		
		实际值	预测值	差距	实际值	预测值	差距
中国台湾	Taiwan	0.17	0.55	**−0.38**	0.67	0.86	−0.19
泰国	Thailand	0.83	0.55	0.28	0.67	0.87	−0.20
奥地利	Austria	1.00	0.89	0.11	1.00	1.00	0.00
比利时	Belgium	1.00	0.93	0.07	1.00	(1.01)	−0.01
塞浦路斯	Cyprus	0.50	0.67	−0.17	1.00	0.93	0.07
丹麦	Denmark	1.00	0.90	0.10	1.00	0.96	0.04
芬兰	Finland	0.83	(1.04)	−0.20	1.00	(1.08)	−0.08
法兰西	France	1.00	0.92	0.08	1.00	(1.01)	−0.01
联邦德国	West Germany	1.00	0.97	0.03	1.00	(1.05)	−0.05
希腊	Greece	0.83	0.65	0.18	1.00	0.71	0.29
匈牙利	Hungary	0.17	0.94	**−0.77**	1.00	0.83	0.17
冰岛	Iceland	1.00	0.80	0.20	1.00	0.89	0.11
爱尔兰	Ireland	1.00	0.90	0.10	1.00	1.00	0.00
意大利	Italy	1.00	0.88	0.12	1.00	0.96	0.04
荷兰	Netherlands	1.00	0.92	0.08	1.00	0.97	0.03
挪威	Norway	1.00	0.99	0.01	1.00	1.00	0.00
波兰	Poland	0.17	0.80	**−0.63**	0.83	0.86	−0.03
葡萄牙	Portugal	0.33	0.73	**−0.40**	1.00	0.95	0.05
西班牙	Spain	0.33	0.82	**−0.49**	1.00	0.99	0.01
瑞典	Sweden	0.83	0.90	−0.07	1.00	0.98	0.02
瑞士	Switzerland	1.00	(1.02)	−0.02	1.00	(1.06)	−0.06
土耳其	Turkey	0.67	0.46	0.21	0.33	0.72	**−0.38**
英国	United Kingdom	1.00	0.94	0.06	1.00	(1.02)	−0.02
南斯拉夫	Yugoslavia	0.17	0.65	**−0.48**	0.17	0.70	**−0.53**
澳大利亚	Australia	1.00	0.92	0.08	1.00	1.00	0.00

续前表

国家（地区）		1975年民主值			1994年民主值		
		实际值	预测值	差距	实际值	预测值	差距
斐济	Fiji	0.83	0.52	0.31	0.50	0.75	−0.25
新西兰	New Zealand	1.00	0.89	0.11	1.00	0.95	0.05
巴布亚新几内亚	Papua New Guinea	0.67	0.46	0.21	0.83	0.50	**0.33**

注：预测值根据表2-1列（1）系统的估计结果得到，1975年的预测值为［1/（1−滞后民主变量系数）］×（根据1975年方程中其他变量得到的估计值）。1994年的预测值类似。括号中的值为（0，1）区间外的线性拟合值。差距数值超过0.33，则以黑体表示。

a. 根据1980年方程中变量得到的长期预测值。

在1975年，拉丁美洲有一些国家极不民主，包括巴拿马、智利、厄瓜多尔和乌拉圭。然而，后来所有这些地方的政治自由出现了迅速上升。在1994年，玻利维亚的民主程度要远大于根据其经济状况预测出来的民主程度。墨西哥的民主值在1994年低于目标值，但预测结果是将来会变得更民主。

在亚洲国家（地区）中，孟加拉国在1975年具有极低的民主程度。新加坡和叙利亚的民主值在1994年低于民主目标值。根据模型预测，这些地区的民主值将上升。很有意思的是，在韩国的特色民主化进程中，繁荣的新加坡是否会加入韩国的行列呢？

另外，在1975年，印度和印度尼西亚的民主值比预测值要高。印度的情况（和毛里求斯的情况一起）解释了回归分析中印度教变量的显著性。然而，随着印度的加斯蒂尔民主指标值的下降（在1991年和1993年），印度在1994年看起来不再像一个大的异常点。对印度尼西亚而言，1994年其民主值下降至零，低于民主目标值。尼泊尔在1994年具有非常高的民主值。

由于数据缺乏，样本中只有三个中欧或东欧国家：匈牙利、波兰和南斯拉夫。1975年，它们的民主值都远低于目标值。西欧的两个国家——葡萄牙和西班牙——也非常不民主。到1994年，除了南斯拉夫以外的所有这些国家如同模型预测的那样变得非常民主。因此，这些国家在 1994 年不再是负的异常点；事实上，匈牙利的民主值比预测值要高。模型预测南斯拉夫的民主值会有巨大提高，这或许正体现在塞尔维亚身上。土耳其在 1994 年非常不民主，模型同样预测它将有巨大的民主化进程。

6. 结 论

民主和繁荣指标之间的正相关关系（即利普塞特假设）已经成为一条确凿的经验规律了。尽管这条规律很确凿，但奇怪的是，关于这种机制的、令人信服的理论模型居然不存在。因此，在未来的研究中要优先发展这种理论。从经验层面看，研究民主和不平等性、殖民状况及宗教之间的关系将会非常有意思。当然，要建立令人满意的民主决定理论可能还应该研究其他一些经验关系。

【注释】

[1] 普特南（Putnam, 1993）把好政府定义为大政府，这削弱了其经验结论。

[2] 对加斯蒂尔的数据序列所采用的基本方法的讨论见 Gastil (1991)。英克尔斯（Inkeles, 1991）对民主测度问题进行了概述，他发现（p. x）："即使不同的分析家用稍微不同的方法对民主进行测度，对民主还是不民主的国家的分类依然具有高度一致性。"伯伦（Bollen, 1990）指出他的测度方法和加斯蒂尔的方法具有合理可比性，但我们很难直接检验这种可比性，因为两个序列在时间上并没有交叠。此外，从 20 世纪 60 年代到 70 年代，许多国家，特别是非洲国家，它们的民主程度明显出现了大的下降。因此，尽管 60 年代的伯伦数据的平均值要高于 70 年代的加斯蒂尔数据的平均值，我们还是不能直接推断出两者之间的可比性。

[3] 对这类经验事实更广泛的考察可参见（Sirowy and Inkeles, 1990; Przeworski and Limongi, 1993）。

[4] 如果对不同范围的民主指标使用虚拟变量，结论依然一样（注意，基

经济增长的决定因素：跨国经验研究

本指标可以只有序数意义）。例如，如果指标被划分成三个区域——小于 0.33、0.33 至 0.67 和大于 0.67——那么民主对增长的影响的估计结果在中间区域最高，该结果与两区域划分情况基本相同。

[5] 残差的计算来自包含所有变量的回归系统，包括民主及其平方项。两个民主变量的贡献被用来计算纵轴上的变量值。同样，我们对残差进行标准化，使其具有零均值。图中的曲线来自残差对民主变量及其平方项的 OLS 回归。

[6] 如果方程（2.1）中用 Z 变量的当期值（即滞后值 T 设定为零），且民主和 Z 变量的滞后值用作工具变量，那么经验结果事实上是相同的。

[7] 民主指标仅取值于 0 至 1 之间的 7 个离散值，但模型右边的线性设定并没有考虑该问题。在实际操作中，没有一个拟合值为负，仅有少数几个拟合值超过 1.0。最高的拟合值为 1994 年美国的 1.04。

[8] 如果不用寿命预期，而用婴儿死亡率，结果基本相同。

[9] IMF 定义的国家包括石油净出口至少占总出口的三分之二且至少占世界石油出口 1% 的国家。根据石油输出国成员国的定义，要加上厄瓜多尔，但没有巴林和阿曼。

[10] 这里所用的城市化标准数据来自世界银行，但各国对城市化的定义并不一致。

[11] 15 岁以及 15 岁以上的男性、女性受初等教育程度要比 25 岁以及 25 岁以上的男性、女性受初等教育程度稍微更具解释力。

[12] 类似地，赫利维尔（Helliwell，1994，table 1）发现加斯蒂尔的政治权利指标与公民自由指标正相关于 GDP 水平与中学入学率。

[13] 数据由世界银行提供，来源于贾因（Jain，1975）和莱卡永等（Lecaillon et al.，1984）的研究，详见佩罗蒂（Perotti，1996）对这些数据的讨论。

[14] 数值 1 可被看作没有接受正规教育的一个人拥有的有效教育年限人力资本。

[15] 基础数据来自《世界基督教百科全书》（*World Christian Encyclopedia*）（Barrett，1982）。这些数据是对 1970 年和 1980 年公开宣称的宗教关系的估计（也存在 1900 年的数据）。该信息并没有考虑常规的礼拜活动或者在宗教活动上花费的时间。百科全书中提供的数据既有出版的也有未出版的，都源自当地最权威的机构，包括政府的宗教普查机构。大部分数据直接由百科全书编纂者收集，

第 2 章 经济发展和政治发展的相互影响

他们在 1965—1975 年访问了几乎所有的国家。宗教信徒的基本概念是当政府普查机构或舆论调查组织问"你的宗教信仰是什么?"的时候,公开声明信仰某种宗教的人。每个人都被认为最多只有一种宗教关系。跨国宗教数据的更多工作正在进行中。

[16] 该系统允许宗教关系随着时间的推移发生变化:1970 年的宗教数据用于前三个民主方程中,1980 年的宗教数据用于后三个方程中。在大多数情况下,1970—1980 年的宗教关系变化微乎其微。如果 1970 年的值用于所有 6 个方程中,那么结果与表 2-2 的第九个回归实际上并无区别。

[17] 1980 年中国的非宗教变量为 0.71。超过 0.1 的其他国家和地区有:乌拉圭 0.35,瑞典 0.29,南斯拉夫 0.17,意大利、匈牙利和法兰西 0.16,澳大利亚 0.15,中国香港 0.14,荷兰和日本 0.12。

[18] 正式检验拒绝了民主系统和公民自由系统系数相等的假设。如果单独看,系数显著不同的只有寿命预期、男性受教育程度、人口和常数项。

[19] 更准确地说,模型表现的是初始民主值和其他解释变量值如何影响民主在 7 个离散等级之间随着时间的推移发生转移的概率。

[20] GDP 和其他繁荣指标的正趋势表示民主具有上升趋势。如果用加斯蒂尔政治参与概念衡量,20 世纪以前世界上并没有很多完全民主的国家,因此该结论是合理的。

[21] 预测值等于 [1/(1-滞后民主变量系数)] × (根据滞后民主变量以外的解释变量得到的估计值)。

第 3 章　通货膨胀和经济增长

近年来，许多中央银行越来越重视价格稳定。货币政策无论是用利率还是用货币总量增长来表示，都逐渐调整为实现稳定的低通货膨胀。中央银行的管理者和大多数的观察员都认为价格稳定是一个有价值的目标，因为通货膨胀的成本太高。平均通货膨胀率、通货膨胀变动率以及通货膨胀的不确定性就是构成这些成本的一部分。通常认为，当通货膨胀率很高且无法预测的时候，商业机构和家庭都不能很好地运作。

这方面的学术文献包括许多有关通货膨胀成本的理论研究，布里奥（Briault，

1995)最近对此进行了综述。这类分析的假设是：通货膨胀不是一件好事，但由于没有经验事实的支持，这个问题并不是那样确定无疑。尽管一些经验事实（在布里奥的综述中也有提及）表明通货膨胀有害，但证据并不十分确凿。因此，进一步对通货膨胀和经济行为之间的关系进行经验研究，就具有重要意义。本章将利用前文的跨国数据研究这种关系。

1. 通货膨胀的经验数据

表 3-1 列出了样本数据库中通货膨胀的一些信息。在大多数情况下，年通货膨胀率是由消费者价格指数（consumer price index，CPI）计算出来的（如果没有消费者价格指数，就采用 GDP 平减指数（GDP deflator））。表中列出了 1960—1970 年、1970—1980 年、1980—1990 年跨国通货膨胀率的均值和中数。在 20 世纪 60 年代（117 个国家和地区），通货膨胀率的中位数是每年3.3%，在20世纪70年代（122个国家和地

表 3-1　　　　　关于通货膨胀的描述统计量

变量	均值	中位数	国家（地区）个数
1960—1970 年			
通货膨胀率	0.054	0.033	117
通货膨胀率标准差	0.039	0.024	117
1970—1980 年			
通货膨胀率	0.133	0.101	122
通货膨胀率标准差	0.075	0.054	122
1980—1990 年			
通货膨胀率	0.191	0.089	119
通货膨胀率标准差	0.134	0.049	119

注：通货膨胀率是根据各国每年的消费者价格指数计算而得［数据来自世界银行、STARS 数据库和《世界报表》（World Tables）；货币基金组织，《国际金融统计》，年鉴；以及各国的数据来源］。如果没有消费者价格指数，则采用 GDP 平减指数。各国的十年平均通货膨胀率是年度通货膨胀率的均值。各国的十年通货膨胀率标准差是年度通货膨胀率和十年均值之差的平方的均值的平方根。本表所示的通货膨胀率是各国十年平均通货膨胀率的均值或中位数。类似地，标准差值也是各国十年标准差的均值和中位数。

第 3 章　通货膨胀和经济增长

区）为 10.1%，在 80 年代（119 个国家和地区）为 8.9%。图 3-1 的上图为三个十年中所观察到的通货膨胀率柱状图，图 3-1 的下图为每年通货膨胀率超过 20% 的 44 个观察点。[1]

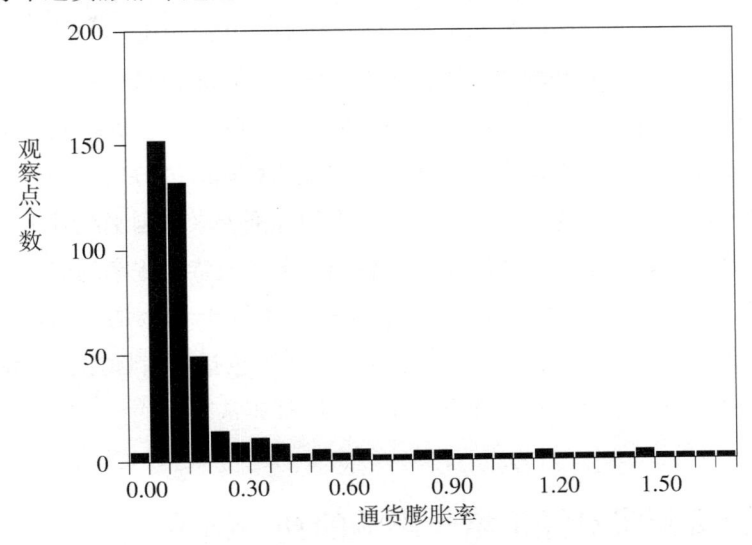

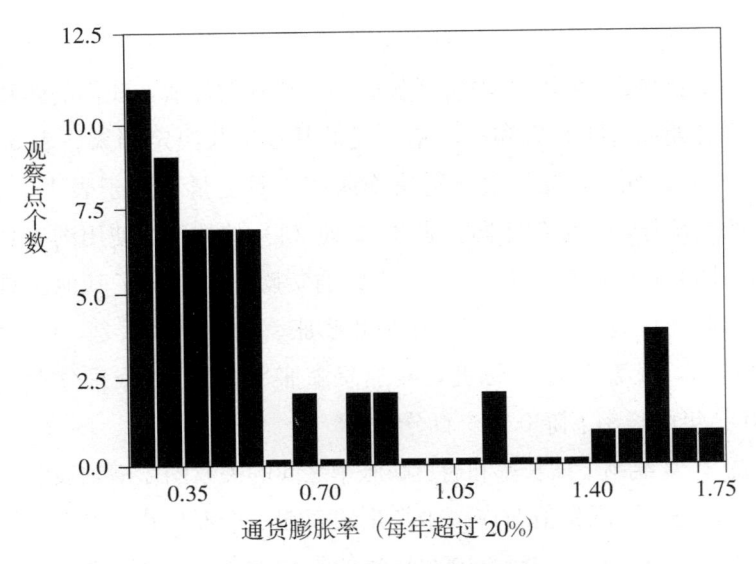

图 3-1　通货膨胀率柱状图

我用各国每个十年时段的年度数据，计算出通货膨胀变动率指标（inflation variability）——通货膨胀率围绕其十年均值的标准差。表3-1列出了三个十年标准差的均值和中位数：20世纪60年代的中位数为每年2.4%，70年代为5.4%，80年代为4.9%。因此，自20世纪60年代以来，随着平均通货膨胀率的上升，通货膨胀变动率也上升。

图3-2证实了一个众所周知的观点——更高的通货膨胀变动率倾向于伴随更高的平均通货膨胀率［参见（Okun，1971；Logue and Willett，1976）］。这些图是通货膨胀率的标准差（各国围绕其十年均值计算得出）对平均通货膨胀率（各国的十年通货膨胀率均值）的散点图。图3-2的上图只考虑通货膨胀率每年低于15%的国家，中图考虑通货膨胀率每年高于15%的国家，下图包括所有国家。变动率和均值之间的正向关系尽管不甚完美，但都非常明显。

2. 通货膨胀对经济增长影响的初步结论

为了获得通货膨胀对经济增长的第一步的估计值，我们的解释变量采用各期通货膨胀率和第1章所述的其他增长决定因素。表3-2列（1）的系统中，除了关于通货膨胀的工具变量不同于表1-1列（1）的系统外，其他都相同。表3-2列（1）的估计中使用的工具变量是当期通货膨胀率，而表1-1中的通货膨胀率使用了其他工具变量（见后文）。表3-2列（1）中通货膨胀率的估计系数是-0.029 3（0.004 3），显著为负。[2]因此，年通货膨胀率上升10个百分点会伴随GDP年增长率下降0.3个百分点。

图3-3绘制了增长率和通货膨胀率之间的关系图。横轴表示通货膨胀率，每一个观察值对应一个特定国家在一个时段内（1965—1975年、1975—1985年、1985—1990年）的平均通货膨胀率。图3-3的上图考虑每年通货膨胀率低于20%的情况，中图考虑每年通货膨胀

第 3 章 通货膨胀和经济增长

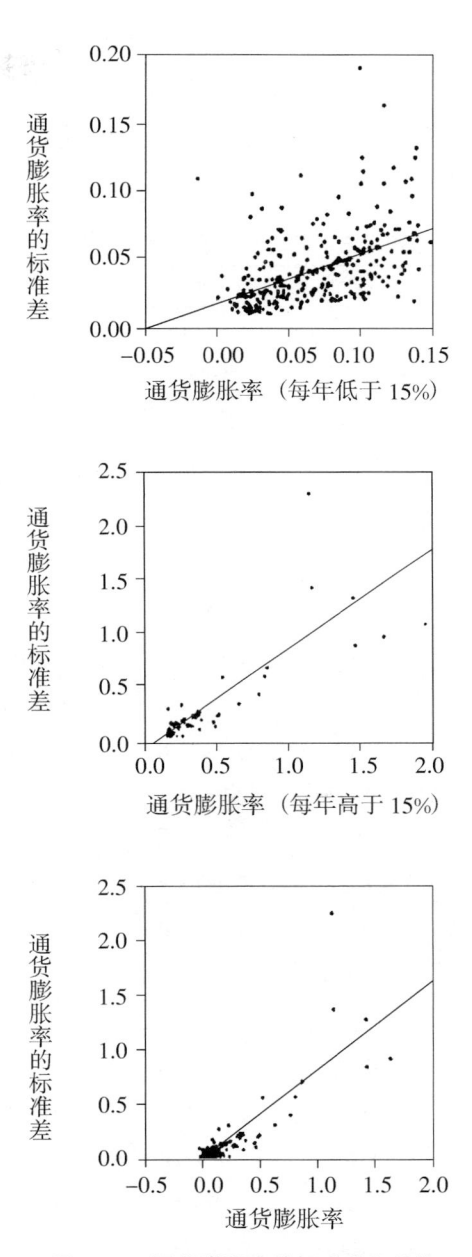

图 3-2 通货膨胀率的标准差和均值

率超过 20% 的情况，下图包括了所有的通货膨胀率。同样，纵轴表示 GDP 增长率，通货膨胀率以外的其他解释变量的贡献已被剔除。[3] 因此，图中所示通货膨胀率和增长率的关系是其他所有增长决定因素保持不变时的结果。

表 3-2　　增长回归中通货膨胀的其他模型设定

自变量	(1)	(2)	(3)	(4)
log(GDP)	−0.026 0	−0.026 1	−0.026 1	−0.026 2
	(0.003 1)	(0.003 1)	(0.003 1)	(0.003 1)
男性受教育程度	0.011 6	0.011 4	0.011 1	0.011 0
	(0.002 4)	(0.002 4)	(0.002 5)	(0.002 5)
log(寿命预期)	0.042 1	0.041 9	0.041 8	0.042 7
	(0.013 7)	(0.013 7)	(0.013 9)	(0.013 9)
log(GDP)×男性受教育程度	−0.005 7	−0.005 7	−0.005 2	−0.005 2
	(0.001 6)	(0.001 6)	(0.001 7)	(0.001 7)
log(出生率)	−0.016 6	−0.016 7	−0.017 0	−0.016 7
	(0.005 3)	(0.005 3)	(0.005 4)	(0.005 4)
政府消费率	−0.138	−0.140	−0.137	−0.140
	(0.026)	(0.026)	(0.026)	(0.026)
法治指标	0.031 0	0.031 0	0.031 5	0.031 7
	(0.005 3)	(0.005 3)	(0.005 4)	(0.005 4)
贸易条件变化	0.137	0.137	0.139	0.139
	(0.030)	(0.030)	(0.030)	(0.030)
民主指标	0.091	0.091	0.104	0.103
	(0.026)	(0.026)	(0.026)	(0.026)
民主指标的平方	−0.088	−0.088	−0.099	−0.097
	(0.023)	(0.023)	(0.023)	(0.023)
通货膨胀率	−0.029 3	−0.031 7	−0.026 1	−0.031 4
	(0.004 3)	(0.008 0)	(0.005 4)	(0.001 3)

续前表

自变量	(1)	(2)	(3)	(4)
通货膨胀率的标准差		0.003 0		0.007 1
		(0.008 9)		(0.015 0)
R^2	0.56,0.51,0.50	0.56,0.51,0.50	0.55,0.49,0.51	0.55,0.50,0.50
观察点个数	80，87，84	80，87，84	80，87，84	80，87，84

注：除了通货膨胀变量外，上述系统对应于表1-1的系统。列（1）和列（2）的工具变量中包括各期实际通货膨胀率。列（3）和列（4）的工具变量中包含滞后通货膨胀率（分别对应1960—1965年、1970—1975年、1980—1985年）及其平方，但没有当期通货膨胀率。列（2）和列（4）增添了1965—1975年、1975—1985年、1985—1990年各期通货膨胀率的标准差；其中，列（2）的工具变量中包括了这些标准差，但列（4）的工具变量中仅仅包含滞后标准差（1960—1965年、1970—1975年、1980—1985年）。

图3-3的散点图中画出了回归直线（最小二乘直线）。图3-3下图中的直线斜率大约对应于表3-2列（1）中显著为负的估计系数。然而，图中显示的拟合程度取决于高通货膨胀情况下增长率和通货膨胀率的负向关系。图3-3上图所示的通货膨胀率每年低于20%，这种情况下增长率和通货膨胀率之间的关系在统计上不显著。

结果表明，在低通货膨胀的情况下，没有充分的信息可以精确分离出通货膨胀率对增长率的影响，但它并不必然表示这种影响在低通货膨胀的情况下微乎其微。为了检验增长率和通货膨胀率之间的线性关系，我把通货膨胀率分为三个区间：小于15%、15%~40%、大于40%，然后用整个样本重新估计该系统，分别得出三个区间的通货膨胀率估计系数，即第一区间为-0.023（0.036）、第二区间为-0.055（0.017）和第三区间为-0.029（0.005）。因此，增长率与通货膨胀率呈负相关关系的证据明显来自第二、三区间。然而，由于三个估计系数相互之间并没有显著不同（p值为0.12），因此样本数据符合线性关系。具体而言，数据并不拒绝该假设：增长率和通货膨胀率的关系在低通货膨胀率的情况下为负相关关系，而且与高通货膨胀率的情况具有同等程度的相关性。此外，在任何区间内都不存在正相关的迹象，正相关表示必须忍受高通货膨胀以获得高增长。

经济增长的决定因素:跨国经验研究

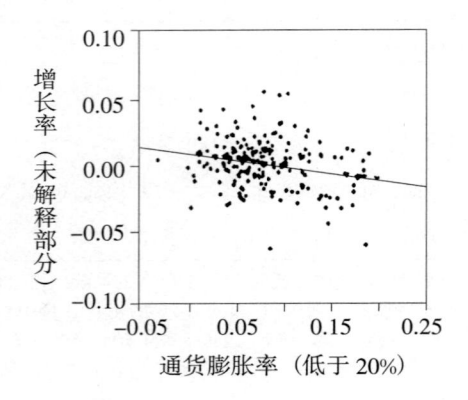

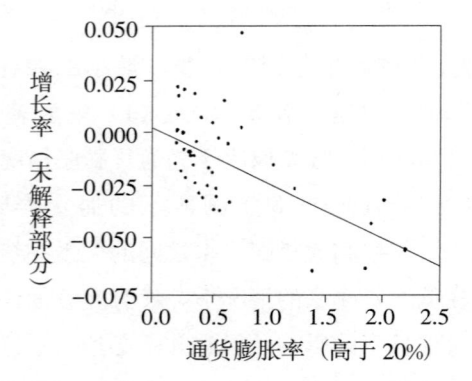

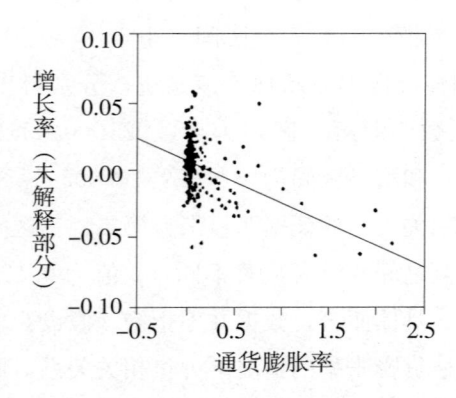

图 3-3 增长率和通货膨胀率

第3章 通货膨胀和经济增长

尽管只在考虑高通货膨胀率的情况下才会有统计显著性，但该结果对一些异常观察值并不敏感。表3-3列出了在其中一个时期（1965—1975年、1975—1985年、1985—1990年）通货膨胀率每年超过40%的27个国家，从中可以看到乌拉圭出现了三次（尽管从总体上看，该国并不是高通货膨胀的冠军），阿根廷、巴西、秘鲁、乌干达和扎伊尔出现了两次。其他国家各出现一次，它们是智利、印度尼西亚、玻利维亚、海地、以色列、几内亚比绍、墨西哥、莫桑比克、尼加拉瓜、波兰、塞拉利昂、土耳其、南斯拉夫和赞比亚（由于几内亚比绍、莫桑比克和波兰缺乏其他变量的数据，因此不在回归样本中）。剔除少量的高通货膨胀观察点对结果并没有多少影响，比如剔除布鲁诺和伊斯特利（Bruno and Easterly，1995）建议的尼加拉瓜和扎伊尔。

估计结果在各时期相当稳定。如果允许各时期有不同的通货膨胀率估计值，但系统在其他方面仍与表3-2列（1）一样，那么估计结果是1965—1975年为－0.040（0.015）、1975—1985年为－0.040（0.010）、1985—1990年为－0.026（0.005）。这些值相互间并没有显著的不同（p值＝0.29）。

我们可以把通货膨胀率的标准差加入系统，观察当平均通货膨胀率保持不变的时候，通货膨胀变动率是否和增长存在某种关系。通货膨胀率的均值与通货膨胀变动率之间的强正相关关系（见图3-2）表明，两者的影响很难区分。然而，将两个变量同时引入表3-2列（2）的回归系统时，通货膨胀率的估计系数仍和以前的结果类似［－0.032（0.008）］，但通货膨胀率标准差的估计系数几乎为零［0.003（0.009）］。[4]因此，对于给定的平均通货膨胀率，通货膨胀变动率和增长率之间并没有显著关系。对此，可能的解释是：我们本来期望的是通货膨胀的不确定性和增长率之间存在负相关关系，但实际通货膨胀变动率并不足以测度通货膨胀的不确定性。这个问题值得进一步研究。

表 3-3　　　　　　　　　　高通货膨胀观察值

国家	通货膨胀率
1965—1975 年	
智利	0.68
印度尼西亚	0.53
乌拉圭	0.50
1975—1985 年	
阿根廷	1.26
玻利维亚	1.06
巴西	0.66
海地	0.48
以色列	0.78
秘鲁	0.56
乌干达	0.53
乌拉圭	0.41
扎伊尔	0.44
1985—1990 年	
阿根廷	1.92
巴西	2.04
几内亚比绍[a]	0.53
墨西哥	0.53
莫桑比克[a]	0.48
尼加拉瓜	1.87
秘鲁	2.22
波兰[a]	0.81
塞拉利昂	0.63
土耳其	0.43
乌干达	0.78
乌拉圭	0.58
南斯拉夫	1.41
扎伊尔	0.59
赞比亚	0.56

注：通货膨胀率的时段均值超过每年 40%。
a. 该国由于缺乏其他一些变量的数据而不在回归样本中。

3. 通货膨胀的内生性

在解释表 3-2 列（1）中通货膨胀对增长的影响时，关键问题是回归并不反映从通货膨胀到增长的因果关系。通货膨胀是一个内生变量，它对增长或其他与增长相关的变量做出反应。例如，如果增长的外生下降引起更高的通货膨胀，那么增长和通货膨胀之间的负向关系就会出现。如果货币政策当局对经济疲软的反应是推行扩张政策，那么通货膨胀率就会上升。此外，如果货币总量的路径不变，那么每一时点上货币供给等于货币需求，意味着产出增长率的下降会自动提高通货膨胀率。

科切拉科塔（Kocherlakota，1996）研究了最后一种内生性偏倚的来源。为了理解这个观点，我像他那样假设货币增长率 μ_t 外生决定。因为货币供给等于货币需求，所以通货膨胀率 π_t 和货币增长率 μ_t 之间的关系为：

$$\pi_t = \mu_t - g_t + v_t \tag{3.1}$$

式中，g_t 为产出的增长率；v_t 为对速率的独立扰动。

假定通货膨胀率对增长率的影响是：

$$g_t = -\alpha \pi_t + \varepsilon_t \tag{3.2}$$

式中，ε_t 为对增长的独立扰动；α 为待估计系数。

在这个框架中，g_t 对 π_t 的 OLS 回归系数 $\hat{\alpha}$ 可以写为：

$$\hat{\alpha} = -\frac{\alpha \left[VAR(\mu) + VAR(v) \right] + VAR(\varepsilon)}{VAR(\mu) + VAR(v) + VAR(\varepsilon)} \tag{3.3}$$

因此，如果货币增长率的方差和速率扰动的方差远大于增长扰动的方差，那么 $\hat{\alpha}$ 就会接近于 α。

利用面板数据中三个时段的平均值，用 M1 或 M2 衡量货币，我发现 $VAR(\mu) \approx 0.032$，$VAR(v) \approx 0.004$，$VAR(\varepsilon) \approx 0.0002$。那

么，$\alpha=0$ 就对应于 $\hat{\alpha}=-0.006$，$\alpha=-0.020$ 对应于 $\hat{\alpha}=-0.026$。因此，产生误差的可能非常小，而且这种误差也不能解释表 3-2 列（1）中关于通货膨胀的经验事实。另外，如果外生决定的是通货膨胀率，而非货币增长率，那么这种误差就根本不存在。

科切拉科塔的分析还表明，如果增长回归中包含货币增长率而非通货膨胀率，那么结果将有很大的不同。如果用 M1 增长率替代通货膨胀率，重新用面板数据估计表 3-2 列（1），那么估计系数为 -0.0306（0.0055）。如果用 M2 增长率替代，那么结果是 -0.0280（0.0055）。因此，这些过程证实了当货币增长率而非通货膨胀率作为回归变量的时候，估计系数的大小是相似的。这些结果基本揭示了 GDP 增长率与价格增长率或货币增长率之间的负向关系。通货膨胀率和货币增长率之间的区别对于结果而言并不关键。

另一种可能性是忽略了一些与增长、通货膨胀相关的第三变量。例如，更好地实现产权可能会刺激投资和增长，而且可能形成基于规则的制度安排；在这种制度安排中，货币政策当局能实现更低的平均通货膨胀率。这种想法是指一项货币政策的执行体现了法治原则在货币政策当局行为中的应用。系统中的一些解释变量试图体现法治维护的程度。然而，在某种程度上，这些指标是不完善的，但通货膨胀率可以作为法治的一个负向替代指标，因此对增长有负面影响。所以，通货膨胀率估计系数所反映出来的对增长的影响，可能与通货膨胀没有本质联系。

一些研究者喜欢用其他类型的固定影响估计方法来处理这类问题，即允许每个国家有各自的常数项。该程序基本上剔除了样本中通货膨胀的横截面信息，因而依赖于国家内部通货膨胀率及其他变量在时间维度上的变化。在时间序列维度上，通货膨胀率和遗漏变量之间的相关性并非明显比横截面维度上的相关性强（如果一个国家正在遭受通货膨胀危机或正在进行一场货币改革，那么很可能该国同时遭受着其他危机或进行着其他改革）。此外，测量误差问题和相关性的时

第 3 章　通货膨胀和经济增长

间问题在时间序列中更加突出。总之，一个明确的事实是固定影响模型忽略了大量信息。

另一种处理方法是寻找满意的工具变量：一个合理的外生变量，而且其本身与通货膨胀显著相关。我的探索就是沿着现在叙述的顺序进行的。

中央银行的独立性

对中央银行独立性具有或多或少保障作用的法律条款，是通货膨胀工具变量的一个不错来源。最近的文献（Bade and Parkin，1982；Grilli，Masciandaro and Tabellini，1991；Cukierman，1992；Alesina and Summers，1993）认为，更大的独立性导致了更低的平均货币增长率和更低的平均通货膨胀率，因而具有更好的货币稳定性。其思想是独立性提高了中央银行的能力并承担了维护价格稳定性的义务，因而会导致低且稳定的通货膨胀率（该观点假定中央银行的管理者对低通货膨胀率具有相对强的偏好）。阿莱西纳和萨默斯（Alesina and Summers，1993，figs.1a，1b）发现 1955—1988 年的 16 个发达国家中，中央银行的独立性指标和通货膨胀率的均值、方差之间存在强烈的负相关关系。因此，在他们的研究中，中央银行的独立性指标满足了良好的通货膨胀工具变量条件，同时也对通货膨胀具有巨大的解释力。

由于改变法律具有一定难度，因此我们可以合理地把影响中央银行独立性的法律条款在各国间的许多差异看作外生的。然而，如果通货膨胀引起法律条款的变更（尽管这种相互作用的迹象并不明显），那么就会出现问题。另外，如果一国货币政策法律环境的变化和影响增长率的不可测制度特征（如维持产权制度的结构）的变化相关，那么外生性也会出现问题。但是，我们可以在回归框架中加入其他解释变量，特别是法治指标，以缓解该问题。

顾克文（Cukierman，1992，chap.19）认为，规范中央银行行为的法律条文与中央银行的实际运作方式具有很大的不同。具体而言，他区分了中央银行管理者职位的法定期限和观察到的人员更替。后者与银行运作方式的关系更密切（因而与通货膨胀的关系也更密切），但对于增长或遗漏的第三变量而言不是外生的。因此，为了构建通货膨胀工具变量，更好的方法是关注关于中央银行的法律条文差异对通货膨胀的解释程度。

表3-4列出了67个国家的中央银行独立性指标。该表基于顾克文（Cukierman, 1992, chap.19, appendix A）所收集的信息，横跨的时期大致对应于20世纪50—80年代。该指标为各时期和各种中央银行法律条文的平均值，这些条文都包含在中央银行的章程中（见表3-4的注释）。构建指标的具体过程和顾克文有些不同，但表中的指标值类似于顾克文（Cukierman, 1992）表19.3计算的20世纪80年代的值。

表3-4　通货膨胀率和中央银行独立性

国家	银行独立性指标	1960—1990年通货膨胀率
联邦德国	0.71	0.037
瑞士	0.65	0.038
奥地利	0.65	0.043
埃及	0.57	0.094
丹麦	0.53	0.069
哥斯达黎加	0.52	0.117
希腊	0.52	0.109
美国	0.51	0.049
埃塞俄比亚	0.50	0.058
爱尔兰	0.50	0.083
菲律宾	0.49	0.107
巴哈马	0.48	0.063[a]

第3章　通货膨胀和经济增长

续前表

国家	银行独立性指标	1960—1990年通货膨胀率
坦桑尼亚	0.48	0.133
尼加拉瓜	0.47	0.436
以色列	0.47	0.350
荷兰	0.47	0.045
加拿大	0.47	0.054
委内瑞拉	0.45	0.100
巴巴多斯	0.44	0.075
阿根廷	0.44	0.891
洪都拉斯	0.44	0.058
秘鲁	0.44	0.606
智利	0.43	0.416
土耳其	0.42	0.235
马耳他	0.42	0.035
冰岛	0.42	0.229
肯尼亚	0.40	0.082
卢森堡	0.40	0.044
扎伊尔	0.39	0.357
墨西哥	0.37	0.227
印度尼西亚	0.36	0.366
博茨瓦纳	0.36	0.076
加纳	0.35	0.256
法兰西	0.34	0.064
赞比亚	0.34	0.174
南非	0.33	0.099
尼日利亚	0.33	0.125

续前表

国家	银行独立性指标	1960—1990年通货膨胀率
马来西亚	0.32	0.034
乌干达	0.32	0.353
意大利	0.31	0.088
芬兰	0.30	0.073
瑞典	0.30	0.067
新加坡	0.30	0.034
印度	0.30	0.074
英国	0.30	0.077
韩国	0.29	0.113
中国	0.29	0.039
玻利维亚	0.29	0.466
乌拉圭	0.29	0.441
巴西	0.28	0.723
澳大利亚	0.27	0.067
泰国	0.27	0.052
西萨摩亚	0.26	0.112[b]
新西兰	0.25	0.085
尼泊尔	0.23	0.084
巴拿马	0.23	0.033
津巴布韦	0.22	0.074
匈牙利	0.21	0.047
日本	0.20	0.054
巴基斯坦	0.19	0.072
哥伦比亚	0.19	0.170

第3章 通货膨胀和经济增长

续前表

国家	银行独立性指标	1960—1990年通货膨胀率
西班牙	0.16	0.096
摩洛哥	0.15	0.055
比利时	0.13	0.048
南斯拉夫	0.12	0.395
波兰	0.12	0.293[a]
挪威	0.12	0.066

注：中央银行独立性指标根据顾克文（Cukierman，1992，chap.19，appendix A）的数据计算得到。该指标是1950—1989年法律条款资料的加权平均值。这些法律条款包括四类：(1)中央银行管理者的任命和解聘（权重1/6）；(2)制定货币政策的程序（权重1/6）；(3)中央银行政策的目标（权重1/6）；(4)中央银行对贷款的限制（权重1/2）。第一类是三个基础变量的非加权平均：管理者的职位任期、任命程序和解聘程序。第二类是两个变量的非加权平均：一个是制定货币政策机构的地位，另一个是政策见解冲突的解决机制。第三类是中央银行章程中价格稳定性的重要程度。第四类是四个变量的非加权平均值：贷款限制、证券化贷款限制、制定贷款期限的机构地位指标以及中央银行潜在借款者的范围。对于每一个基础变量，顾克文都设定在0到1的范围，0表示最不利于中央银行独立性，1表示最有利于中央银行独立性。表中所示的总体指标相应地从0变化到1。关于通货膨胀率数据的讨论见表2-4。

a. 1970—1990年。
b. 1975—1990年。

表3-4还包括了样本中具有中央银行独立性数据的67个国家1960—1990年的平均通货膨胀率。比较中央银行独立性指标和通货膨胀率，我们从表3-4中可以很明显地发现一个重要问题：两个变量之间的相关性基本为零。如果我们对20世纪60—80年代的三个十年分开考虑，并且使可能存在的其他通货膨胀决定因素保持不变，那么上述结论仍然成立。在广泛的样本国家中，那些应该影响中央银行独立性的法律条文差异对于通货膨胀而言却没有解释力。[5]

阿莱西纳-萨默斯（Alesina-Summers，1993）发现了通货膨胀和中央银行独立性之间存在密切的负相关关系，但这种关系被证明是脆弱的。在他们的16个发达国家的样本中，平均通货膨胀率（1960—1990年）和独立性指标之间的相关系数为-0.82。如果我们保留他们的样本，但根据顾克文（Cukierman，1992）的信息采用可能更为准确的独立性指标，那么相关系数就降为−0.59。如果样本仍旧用发达国家，但样本扩大为拥有顾克文独立性数据的 23 个 OECD 成员，那么相关系数就进一步下降到−0.18（样本中的冰岛尤其棘手）。最后，如果我们考虑存在数据的 67 个国家的整体样本（见图 3-4），那么相关系数就变为可以忽略不计的−0.02。

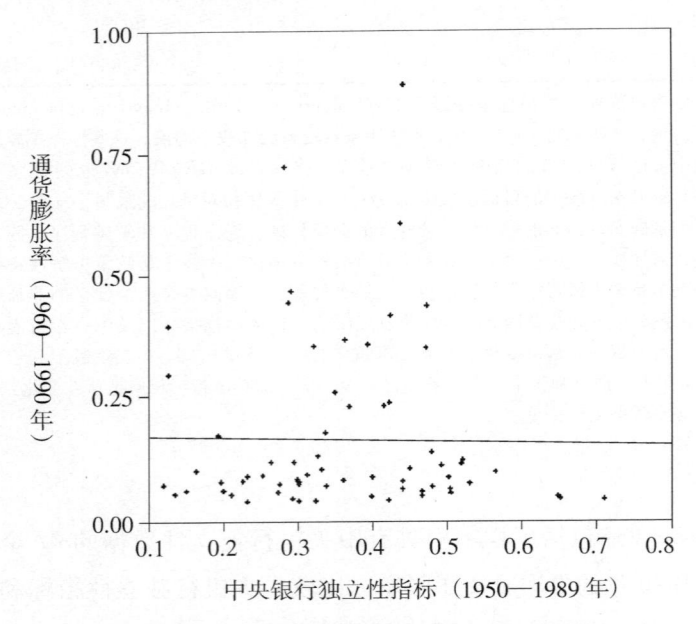

图 3-4　通货膨胀和中央银行的独立性

这种关于中央银行独立性地位的负面结果非常有意义。该结果揭示了法律制度的变更看起来能促进中央银行独立性，但只通过这种方法无法获得低通货膨胀。然而，该结果也意味着我们不得不进一步寻找工具变量，以揭示增长和通货膨胀之间的关系。[6]

滞后通货膨胀率

一国早期的通货膨胀率对通货膨胀具有巨大的解释力。[7] 就随后

第3章 通货膨胀和经济增长

增长率的更新数据而言，滞后通货膨胀率也具有外生性。因此，如果把滞后通货膨胀率看作工具变量，那么估计出来的增长和通货膨胀的关系就不会反映出增长对通货膨胀的短期负向效应。

然而，问题是滞后通货膨胀率反映的是一国货币制度的长期特征（如政策制定者的信用程度），这些特征可能和那些遗漏的，并与增长相关的变量具有相关性（如政治组织对产权维护的支持程度）。因此，使用滞后通货膨胀率作为工具变量，并不能排除遗漏第三变量而带来的问题，但在回归框架中纳入其他解释变量可以缓解该问题。另一个有利的因素是增长方程的残差在各期并不显著相关。

表3-2列（3）列出了通货膨胀影响增长的估计结果，其中滞后通货膨胀率（每个样本期前推五年）及其平方项是工具变量。估计系数为-0.026（0.005），在数量上稍微小于列（1）中的结果（其工具变量用当期通货膨胀率）。因此，大多数估计出来的增长和通货膨胀率之间的负向关系，并不表示增长对通货膨胀的短期负向效应。

只有在包含高通货膨胀的观察点，通货膨胀对增长的显著负面影响才会出现。然而，其结果依然符合线性关系，而且在各时期都具有稳定性。如果把通货膨胀率的标准差添加到回归方程中［表3-2列（4）］，那么该变量仍然不显著。

过去的殖民状况

另一个可能的通货膨胀率工具变量来自以往的殖民状况对通货膨胀具有很高解释力这一现象。表3-5打乱了1960—1990年的通货膨胀率平均值，按照第2章中的国家组分类，划分为非殖民地国家，英国、法国、西班牙或葡萄牙等过去的殖民地国家，以及其他国家（本样本中就是澳大利亚、比利时、荷兰和美国）的殖民地。

表3-5表明，从1960年至1990年，所有的117个国家的平均通货膨胀率是每年12.6%；30个非殖民地国家的平均通货膨胀率是8.9%，接近42个英国殖民地国家的10.4%和20个法国殖民地国家

的6.6%。然而，18个西班牙或葡萄牙殖民地国家的平均通货膨胀率为29.4%，非常高；7个其他殖民地国家的平均通货膨胀率为16.1%，同样比较高。

法国殖民地国家的平均通货膨胀率低的关键原因是，大量撒哈拉以南非洲地区国家的加入，它们实行CFA法郎（法国非洲殖民地法郎）固定汇率制度。[8]这种保持相对低的通货膨胀率的承诺具有合理性和外生性，因此提供了一个良好的通货膨胀工具变量，但这完全是一种尝试。

对于许多以前的英国殖民地国家而言，一个突出的特点是它们具有以前英国建立货币委员会（该委员会倾向于实现低通货膨胀）的经验（参见Schwarz，1993）。在独立前的某些时期，该委员会包括了大部分英国在非洲、加勒比、东南亚和中东地区的殖民地。

样本中16个以前的西班牙殖民地的平均通货膨胀率比较高，但从本质上看，并不是因为这些殖民地国家地处拉丁美洲。对于以前不是西班牙或葡萄牙殖民地的7个拉丁美洲国家[9]，1960—1990年的平均通货膨胀率只有9.0%，其实与非殖民地国家相似（见表3-5）。另外，以前葡萄牙在非洲的4个殖民地具有较高的平均通货膨胀率，大约20%。[10]对于葡萄牙和西班牙本身，1960—1990年的平均通货膨胀率为10.9%，远低于它们以前的殖民地国家29.4%的平均通货膨胀率。然而，法国（6.4%）和英国（7.7%）的平均通货膨胀率要低于10.9%。

当工具变量包括以往殖民状态的指标但不包括当期或滞后通货膨胀率的时候，回归系统就是第1章中重点论述的表1-1列（1）的系统，该系统估计了通货膨胀对GDP增长率的影响。系统使用两个虚拟变量，一个是以前是否为西班牙或葡萄牙殖民地的虚拟变量，另一个是以前是否为英国、法国、西班牙或葡萄牙等国以外国家的殖民地。[11]现在通货膨胀率的估计系数是－0.043（0.008），在数量上高于表3-2的结果（当期或滞后通货膨胀率为工具变量）。只有当样本包括高通货膨胀国家时，增长和通货膨胀之间才会出现显著负相关关系。在各时期，结果同样具有稳定性。

第3章 通货膨胀和经济增长

上述过程有一个问题，即增长回归中以往殖民状态变量的有效性是否仅仅因为该变量是拉丁美洲的一个不完全代理变量，因为拉丁美洲被认为具有极低的经济增长率［实例见（Barro，1991）］。然而，表1-1列（2）表明，如果系统中引入了拉丁美洲虚拟变量（还有撒哈拉以南非洲地区和东亚地区的虚拟变量），通货膨胀率的估计系数基本不变：-0.039（0.008），而且拉丁美洲虚拟变量的估计系数为-0.005 4（0.003 2），在传统临界水平上并不具有统计显著性。表3-2列（1）系统中的工具变量为当期通货膨胀率，如果在该系统中引入拉丁美洲虚拟变量，结果基本相同。因此，在以往的研究中，拉丁美洲虚拟变量对增长影响的估计结果，基本上反映了该虚拟变量是高通货膨胀的一个代理变量。特别地，通货膨胀对增长的负面影响反映的并不是许多高通货膨胀国家位于拉丁美洲的趋势。

表3-5　　　　　　　通货膨胀率和过去的殖民状况

时期	所有国家（地区）	非殖民地	英国殖民地	法国殖民地	西班牙或葡萄牙殖民地	其他殖民地	补遗：拉丁美洲中非葡萄牙、西班牙殖民地
1960—1970年	0.054 (121)	0.045 (31)	0.033 (43)	0.030 (21)	0.089 (19)	0.194 (7)	0.031 (7)
1970—1980年	0.131 (131)	0.110 (32)	0.120 (50)	0.093 (20)	0.218 (21)	0.147 (8)	0.109 (11)
1980—1990年	0.182 (132)	0.124 (31)	0.139 (51)	0.074 (22)	0.523 (20)	0.136 (8)	0.097 (11)
1960—1990年	0.126 (117)	0.089 (30)	0.104 (42)	0.066 (20)	0.294 (18)	0.161 (7)	0.090 (7)

注：括号中的数字为该分类中存在数据的国家个数。对通货膨胀率数据的讨论见表3-1。1776年以前独立的国家被看作非殖民地国家；而殖民者是指最近的外来势力，如菲律宾归于美国而非西班牙，卢旺达和布隆迪归于比利时而非德国，多米尼加共和国归于法国而非西班牙。一些国家和地区被其他国家统治过一段时期，它们被看成非殖民地，如匈牙利、波兰、韩国和中国台湾。样本中目前唯一受殖民统治的是中国香港*。最后一列是指那些位于拉丁美洲，但过去不是西班牙或葡萄牙殖民地的国家。

＊ 不是殖民地，这里的"目前"是指写作时间。——译者注

4. 关于通货膨胀的结论

本章的主要结论是，如果在统计过程中使用一些合适的工具变量，那么通货膨胀对增长影响的估计结果就是显著负相关。因此，有理由相信，这种相关性反映了长期高通货膨胀阻碍增长的因果关系。

需要强调的是，对于通货膨胀的负面效应，其明确的证据来自高通货膨胀的经验事实。这种效应在量上还不是很大；例如，如果平均通货膨胀率每年上升10个百分点，那么真实人均GDP的增长率估计每年降低0.3～0.4个百分点。

一些研究者已经开始对这些结论有所反应，他们对跨国经验工作的价值提出了质疑。事实上，在这种面板数据中，通货膨胀的经验事实具有广泛的差异性，这种差异性为揭示通货膨胀和其他变量对经济行为的长期影响提供了最佳机会。如果这些数据都不能准确揭示出这种影响，那么其他任何数据可能都无法揭示了，特别是通常所关注的一个或几个国家30年到40年的年度或季度时间序列数据，它们更没有希望。

无论怎样，如果估计出来的通货膨胀对增长的影响明显偏小，结果就具有误导性。在较长的时期中，增长率的变化对于生活水准具有巨大影响。例如，增长率每年降低0.3～0.4个百分点（由平均通货膨胀率10个百分点以上的变化引起），那么30年后，真实GDP水平就会降低6%～9%。[12] 在1996年，美国的国内生产总值大约为80 000亿美元，该数值的6%～9%就是4 800亿～7 200亿美元，这个数量足以证明高度关注价格稳定性是正确的。

【注释】

[1] 表3-1表明每十年跨国通货膨胀均值都超过了中位数。该性质反映出

第 3 章　通货膨胀和经济增长

通货膨胀率向右偏移,见图 3-1。也就是说,许多异常点具有很高的正通货膨胀率,但没有很高的负通货膨胀率。由于在 20 世纪 80 年代偏移程度上升,因此从 20 世纪 70 年代到 80 年代尽管中位数下降,但通货膨胀率均值上升。

[2] 估计结果和费希尔（Fischer, 1993, table 9）的研究结果类似。跨国回归中对通货膨胀变量的更早估计见（Kormendi and Meguire, 1985; Grier and Tullock, 1989）。

[3] 为了与以前的数据保持可比性,残差根据表 1-1 列 (1) 的估计系数计算,但如果用表 3-2 列 (1) 的估计系数,结果类似。

[4] 该系统的右边包含了 1965—1975 年、1975—1985 年、1985—1990 年各时期的通货膨胀率标准差变量。这些变量也包括在工具变量中。如果使用的是更长时期的标准差而非当期标准差,则结果类似。

[5] 顾克文（Cukierman, 1992, chap. 20）的结果与这里的结果一致,特别是对于少量发达国家以外的样本（大多数关于中央银行独立性的文献都使用这些样本）。

[6] 顾克文等（Cukierman et al, 1993）把中央银行管理者的更替率和政府变化六个月内出现的中央银行领导层平均变化次数作为工具变量。这些实际的银行独立性指标对于通货膨胀具有很强的解释力,但对增长而言并不是外生的。

[7] 我已经对面板系统进行了 SUR 估计（似不相关估计）,其中因变量为通货膨胀率（1965—1975 年、1975—1985 年、1985—1990 年）,自变量为滞后通货膨胀率及其平方项,以及表 3-2 列 (1) 中所用的当期通货膨胀率以外的工具变量。滞后通货膨胀率的估计系数为 1.47（0.10）,其平方项的估计系数为 −1.01（0.09）。在 10% 的临界水平上,其他估计系数不显著。三个时期的 R^2 值分别为 0.60、0.39 和 0.20。

[8] 对 CFA 法郎区的讨论见鲍顿（Boughton, 1991）和克莱门特（Clement, 1994）的研究。1994 年 1 月,CFA 法郎从每法国法郎兑 50CFA 法郎贬值到兑 100CFA 法郎。在此前的 45 年中,CFA 法郎区一直与法国法郎保持着固定汇率。在贬值的时候,该区 14 个非洲国家根据三个中央银行进行划分:西非货币联盟（the West African Monetary Union）包括贝宁、布基纳法索、科特迪瓦、马里、尼日尔、塞内加尔和多哥;中非国家组包括喀麦隆、中非共和国、乍得、刚果、赤道几内亚和加蓬;科摩罗。一些原来的 CFA 法郎区成员国建立了独立的货币

经济增长的决定因素：跨国经验研究

体系：吉布提于1949年，几内亚于1958年，马里于1962年（一直到1982年重新加入），马达加斯加于1963年，毛里塔尼亚于1973年，科摩罗于1981年（设立了自己的CFA法郎）。赤道几内亚在1985年加入CFA法郎区，它是唯一一个以前不是法国殖民地的国家（也不说法语）。

[9] 样本中的7个拉丁美洲国家为巴巴多斯、多米尼加共和国（归为法国殖民地，而非西班牙殖民地，见表3-5的注释）、主亚那、海地、牙买加、苏里南，以及特立尼达和多巴哥。拉丁美洲其他5个英国以前的殖民地为巴哈马、伯利兹、格林纳达、圣卢西亚和圣文森特，它们并不在样本中。这5个国家从1970年至1990年经历了相对较低的平均通货膨胀率：6.9%。

[10] 这4个国家是安哥拉、佛得角、几内亚比绍共和国和莫桑比克。佛得角和几内亚比绍共和国在20世纪60年代（独立前）的数据并不存在。20世纪80年代安哥拉的数据只是粗略的估计。

[11] 我已经对面板系统进行了SUR估计（似不相关估计），其中因变量为通货膨胀率（1965—1975年、1975—1985年、1985—1990年），自变量为表1-1列（1）中所用的工具变量。西班牙和葡萄牙殖民地虚拟变量的估计系数为0.125（0.027），其他殖民地虚拟变量的估计系数为0.159（0.051）。1965—1975年的R^2值为0.35、1975—1985年的R^2值为0.09、1985—1990年的R^2值为0.05。因此，通货膨胀很难得到解释，特别是当回归变量中排除了大部分当期变量和滞后通货膨胀率的时候（见注释[7]）。贸易开放程度（以进出口对GDP的比例测度）和国家大小（以人口对数测度）这两个变量有时被认为是通货膨胀的决定因素，但引入系统后并不显著。独立以来的年数对通货膨胀也没有解释力。出现这种结果是因为以前在拉丁美洲的西班牙和葡萄牙殖民地的独立时间大致相同。

[12] 在该模型中，对应于通货膨胀率的永久性上升，增长率每年会下降0.3%~0.4%。从此以后，增长率在很长一段时期内还会下降，但随着经济收敛至不变的长期增长率，增长率的下降程度也减小至零。因此，从长期看，较高的通货膨胀率产生的结果是一条较低的永久性产出水平路径，而不是一条降低增长率的路径。对30年后产出水平下降数值的估计考虑到了这些动态效应，其计算依赖于经济向其长期增长率的收敛率（根据经验估计，收敛率假定为每年2%~3%）。此外，计算还不现实地忽略了其他解释变量（如人力资本指标和出生率）对此的反应。

结　语

目前存在大量国家的面板数据，时间跨度为三十年。这些数据为分离出各种经济增长的决定因素提供了必要的信息。关于政府政策，事实表明，更好的法治维护、较低的政府消费和较低的通货膨胀率能提高真实人均 GDP 的增长率。政治权利的上升一开始能促进经济增长，但当达到适度的民主水平后，政治权利的上升会阻碍增长。同样，较高的人均寿命初始水平、较高的男性受中等和高等教育的初始水平、较低的出生率和贸易条件的改善都会刺激经济增长。给定这些变量的值，如果一国真实人均 GDP 的初始水平较低，那么增长率就较高，也就是说，经验数据体现了条件收敛模式。

从某种程度上看，在本书和其他经验研究中分析的各种决定因素，是那些研究者已经能用一致、合理和准确的方式在大多数国家进行测度的变量。对增长比较重要的其他公共政策可能有税收扭曲、公共养老金、转移项目，以及影响劳动力市场、金融市场和其他市场的规则。此外，基础设施投资、R&D成本、教育质量以及收入和财富的分配等因素也可能比较重要。在这些因素中，一些已经在其他经验研究中分析过了，但更好的测度和进一步的调查对于获得可靠的结果而言非常重要。

跨国研究方法的巨大优势是它能提供广泛的经验事实来评价政府政策和经济增长的其他长期决定因素。与此同时，这些数据的运用也产生了测度和估计方面的问题。许多对跨国经验工作的评论都集中于这些问题上。但我的观点是，这种方法在信息上的获益超过了缺陷。当然，如果在克服测度问题和估计问题方面有进展，我的观点将会变得更有说服力。

参考文献

1. Aghion, Philippe, and Peter Howitt. 1992. "A Model of Growth Through Creative Destruction." *Econometrica*, 60, 2 (March): 323-351.
2. Alesina, Alberto, and Enrico Spolaore. 1995. "On the Number and Size of Nations." Unpublished Paper, Harvard University, October.
3. Alesina, Alberto, and Lawrence H Summers. 1993. "Central Bank Independence and Macroeconomic Performance: Some Comparative Evidence." *Journal of Money, Credit, and Banking*, 25 (May): 151-162.
4. Aristotle. 1932. *Politics*. Translated by H Rackham. Cambridge, MA: Harvard University Press.
5. Arrow, Kenneth J. 1962. "The Economic Implications of

Learning by Doing." *Review of Economic Studies*, 29 (June): 155-173.

6. Bade, Robin, and J Michael Parkin. 1982. "Central Bank Laws and Monetary Policy." Unpublished Paper, University of Western Ontario.

7. Barrett, David B, ed. 1982. *World Christian Encyclopedia*. Oxford: Oxford University Press.

8. Barro, Robert J. 1991. "Economic Growth in a Cross Section of Countries." *Quarterly Journal of Economics*, 106, 2 (May): 407-433.

9. Barro, Robert J, and Jong-Wha Lee. 1993. "International Comparisons of Educational Attainment." *Journal of Monetary Economics*, 32 (December): 363-394.

10. Barro, Robert J, and Jong-Wha Lee. 1994. "Sources of Economic Growth." *Carnegie-Rochester Conference Series on Public Policy*, (June): 1-46.

11. Barro, Robert J, and Xavier Sala-I-Martin. 1995. *Economic Growth*. New York: McGraw-Hill.

12. Barro, Robert J, and Xavier Sala-I-Martin. 1997. "Technological Diffusion, Convergence, and Growth." *Journal of Economic Growth*, 2, 1 (March): 1-27.

13. Becker, Gary S, and Robert J Barro. 1988. "A Reformulation of the Economic Theory of Fertility." *Quarterly Journal of Economics*, 103, 1 (February): 1-25.

14. Behrman, Jere R. 1990. "Women's Schooling and Nonmarket Productivity: A Survey and a Reappraisal." Unpublished Paper, University of Pennsylvania.

15. Benhabib, Jess, and Mark M Spiegel. 1994. "The Role of

Human Capital in Economic Development: Evidence from Aggregate Cross-Country Data." *Journal of Monetary Economics*, 34, 2 (October): 143–173.

16. Blömstrom, Magnus, Robert E Lipsey, and Mario Zejan. 1993. "Is Fixed Investment the Key to Economic Growth?" Working Paper No. 4436. National Bureau of Economic Research, August.

17. Bollen, Kenneth A. 1990. "Political Democracy: Conceptual and Measurement Traps." *Studies in Comparative International Development*, (Spring): 7–24.

18. Boughton, James M. 1991. "The CFA Franc Zone: Currency Union and Monetary Standard." Working Paper No. 91/133. International Monetary Fund.

19. Briault, Clive. 1995. "The Costs of Inflation." *Bank of England Quarterly Bulletin*, 25 (February): 33–45.

20. Bruno, Michael, and William Easterly. 1995. "Inflation Crises and Long-Run Growth." Working Paper No. 5209. National Bureau of Economic Research, August.

21. Caballe, Jordi, and Manuel S Santos. 1993. "On Endogenous Growth with Physical and Human Capital." *Journal of Political Economy*, 101, 6 (December): 1042–1067.

22. Caselli, Francesco, Gerardo Esquivel, and Fernando Lefort. 1996. "Reopening the Convergence Debate: A New Look at Cross-Country Growth Empirics." *Journal of Economic Growth*, 1, 3 (September): 363–389.

23. Cass, David. 1965. "Optimum Growth in an Aggregative Model of Capital Accumulation." *Review of Economic Studies*, 32 (July): 233–240.

24. Central Intelligence Agency. 1992. *The World Factbook*. Washington D. C. : U. S. Government Printing Office.

25. Clement, Jean A P. 1994. "Striving for Stability: CFA Franc Realignment." *Finance and Development*, (June): 10-13.

26. Cukierman, Alex. 1992. *Central Bank Strategy, Credibility, and Independence*. Cambridge, MA: MIT Press.

27. Cukierman, Alex, Pantelis Kalaitzidakis, Lawrence H Summers, and Steven B Webb. 1993. "Central Bank Independence, Growth, Investment, and Real Rates." *Carnegie-Rochester Conference Series on Public Policy*, 39: 95-140.

28. Delong, J Bradford, and Lawrence H Summers. 1991. "Equipment Investment and Economic Growth." *Quarterly Journal of Economics*, 106, 2 (May): 445-502.

29. Fischer, Stanley. 1993. "The Role of Macroeconomic Factors in Growth." *Journal of Monetary Economics*, 32, 3 (December): 485-512.

30. Friedman, Milton. 1962. *Capitalism and Freedom*. Chicago: University of Chicago Press.

31. Galton, Francis. 1886. "Regression Towards Mediocrity in Hereditary Stature." *Journal of Anthropological Institute of Great Britain and Ireland*, 15: 246-263.

32. Galton, Francis. 1889. *Natural Inheritance*. London: Macmillan.

33. Gastil, Raymond D. 1991. "The Comparative Survey of Freedom: Experiences and Suggestions." In Alex Inkeles, ed., *On Measuring Democracy*. New Brunswick, N. J. : Transaction Publishers.

34. Gastil, Raymond D, and subsequent editors. 1982—1983 and other years. *Freedom in the World*, Westport, CT: Greenwood Press.

35. Grier, Kevin B, and Gordon Tullock. 1989. "An Empirical Analysis of Cross-National Economic Growth." *Journal of Monetary Economics*, 24, 2 (September): 259-276.

36. Grilli, Vittorio, Donato Masciandaro, and Guido Tabellini. 1991. "Political and Monetary Institutions and Public Finance Policies in the Industrial Countries." *Economic Policy*, 13 (October): 341-392.

37. Grossman, Gene M, and Elhanan Helpman. 1991. *Innovation and Growth in the Global Economy*. Cambridge, MA: MIT Press.

38. Hart, Peter E. 1995. "Galtonian Regression across Countries and the Convergence Productivity." *Oxford Bulletin of Economics and Statistics*, 57, 3 (August): 287-293.

39. Helliwell, John F. 1994. "Empirical Linkages between Democracy and Economic Growth." *British Journal of Political Science*, 24: 225-248.

40. Huber, Evelyne, Dietrich Rueschemeyer, and John D Stephens. 1993. "The Impact of Economic Development on Democracy." *Journal of Economic Perspectives*, 7 (Summer): 71-85.

41. Huntington, Samuel P. 1991. *The Third Wave: Democratization in the Late Twentieth Century*. Norman: University of Oklahoma Press.

42. Inkeles, Alex. 1991. *On Measuring Democracy*. New Brunswick, N.J.: Transaction Publishers.

43. Islam, Nazrul. 1995. "Growth Empirics: A Panel Data Approach." *Quarterly Journal of Economics*, 110, 4 (November): 1127−1170.

44. Jain, S. 1975. *Size Distribution of Income: A Compilation of Data*. Washington D. C. : World Bank.

45. Knack, Stephen, and Philip Keefer. 1995. "Institutions and Economic Performance: Cross-Country Tests Using Alternative Institutional Measures." *Economics and Politics*, 7: 207−227.

46. Knight, Frank H. 1944. "Diminishing Returns from Investment." *Journal of Political Economy*, 52 (March): 26−47.

47. Knight, Malcolm, Norman Loayza, and Delano Villanueva. 1993. "Testing the Neoclassical Theory of Economic Growth." *IMF Staff Papers*, 40, 3 (September): 512−541.

48. Kocherlakota, N. R. 1996. "Discussion of Inflation and Growth." In *Price Stability and Economic Growth*, Federal Reserve Bank of St. Louis: St. Louis.

49. Koopmans, Tjalling C. 1965. "On the Concept of Optimal Economic Growth." In *the Econometric Approach to Development Planning*. Amsterdam: North Holland.

50. Kormendi, Roger C, and Philip G Meguire. 1985. "Macroeconomic Determinants of Growth." *Journal of Monetary Economics*, 16, 2 (September): 141−163.

51. Lecaillon, Jacques, et al. 1984. *Income Distribution and Economic Development*. Geneva: International Labour Office.

52. Lipset, Seymour Martin. 1959. "Some Social Requisites of Democracy: Economic Development and Political Legitimacy." *American Political Science Review*, 53: 69−105.

53. Lipset, Seymour Martin. 1994. "The Social Requisites of Democracy Revisited." *American Sociological Review*, 59 (February): 1-22.

54. Lipset, Seymour Martin, Kyong-Ryung Seong, and John Charles Torres. 1993. "A Comparative Analysis of the Social Requisites of Democracy." *International Social Science Journal*, (May): 155-175.

55. Logue, Dennis E, and Thomas D Willett. 1976. "A Note on the Relationship between the Rate and Variability of Inflation." *Econometrica*, 43: 151-158.

56. Lucas, Robert E, Jr. 1988. "On the Mechanics of Economic Development." *Journal of Monetary Economics*, 22, 1 (July): 3-42.

57. Malthus, Thomas R. 1798. *An Essay on the Principle of Population*. London: W. Pickering, 1986.

58. Mankiw, N Gregory, David Romer, and David N Weil. 1992. "A Contribution to the Empirics of Economic Growth." *Quarterly Journal of Economics*, 107, 2 (May): 407-437.

59. Mauro, Palolo. 1995. "Corruption, Country Risk, and Growth." *Quarterly Journal of Economics*, 110 (October).

60. Mulligan, Casey B, and Xavier Sala-I-Martin. 1993. "Transitional Dynamics in Two-Sector Models of Endogenous Growth." *Quarterly Journal of Economics*, 108, 3 (August): 737-773.

61. Nelson, Richard R, and Edmund S Phelps. 1966. "Investment in Humans, Technological Diffusion, and Economic

Growth." *American Economic Review*, 56, 2 (May): 69-75.

62. Okun, Arthur M. 1971. "The Mirage of Steady Inflation." *Brookings Papers on Economic Activity*, 2: 485-498.

63. Perotti, Roberto. 1996. "Growth, Income Distribution, and Democracy." *Journal of Economic Growth*, 1, 2 (June): 149-187.

64. Przeworski, Adam, and Fernando Limongi. 1993. "Political Regimes and Economic Growth." *Journal of Economic Perspectives*, 7 (Summer): 51-69.

65. Putnam, Robert D, With Robert Leonardi and Raffaella Y Nanetti. 1993. *Making Democracy Work: Civic Traditions in Modern Italy*. Princeton, N.J.: Princeton University Press.

66. Quah, Danny. 1993. "Galton's Fallacy and Tests of the Convergence Hypothesis." *Scandinavian Journal of Economics*, 95, 4 (December): 427-443.

67. Ramsey, Frank. 1928. "A Mathematical Theory of Saving." *Economic Journal*, 38 (December): 543-559.

68. Rebelo, Sergio. 1991. "Long-Run Policy Analysis and Long-Run Growth." *Journal of Political Economy*, 99, 3 (June): 500-521.

69. Ricardo, David. 1817. *On the Principles of Political Economy and Taxation*. Edited by P Sraffa. Cambridge: Cambridge University Press, 1951 ed.

70. Romer, Paul M. 1986. "Increasing Returns and Long-Run Growth." *Journal of Political Economy*, 94, 5 (October): 1002-1037.

71. Romer, Paul M. 1987. "Growth Based on Increasing Re-

turns due to Specialization." *American Economic Review*, 77, 2 (May): 56-62.

72. Romer, Paul M. 1990. "Endogenous Technological Change." *Journal of Political Economy*, 98, 5 (October): pt. Ⅱ, S71-S102.

73. Sachs, Jeffrey D, and Andrew M Warner. 1995. "Natural Resource Abundance and Economic Growth." Unpublished Manuscript, Harvard Institute for International Development, December.

74. Sah, Raaj K. 1991. "Fallibility in Human Organizations and Political Systems." *Journal of Economic Perspectives*, 5 (Spring): 67-88.

75. Schultz, T Paul. 1989. "Returns to Women's Education." PHRWD Background Paper 89/001. Washington, D.C.: World Bank, Population, Health, and Nutrition Department.

76. Schumpeter, Joseph A. 1934. *The Theory of Economic Development*. Cambridge, MA: Harvard University Press.

77. Schwartz, Anna J. 1993. "Currency Boards: Their Past, Present, and Possible Future Role." *Carnegie-Rochester Conference Series on Public Policy*, 39: 147-187.

78. Schwarz, Gerhard. 1992. "Democracy and Market-Oriented Reform: A Love-Hate Relationship?" *Economic Education Bulletin*, 32, 5 (May).

79. Scully, Gerald W. 1988. "The Institutional Framework and Economic Development." *Journal of Political Economy*, 96, 3 (June): 652-662.

80. Sheshinski, Eytan. 1967. "Optimal Accumulation with Learning

by Doing." In Karl Shell, ed., *Essays on the Theory of Optimal Economic Growth*, 31-52. Cambridge, MA: MIT Press.

81. Sirowy, Larry, and Alex Inkeles. 1990. "The Effects of Democracy on Economic Growth and Inequality: A Review." *Studies in Comparative International Development*, 25 (Spring): 126-157.

82. Solow, Robert M. 1956. "A Contribution to the Theory of Economic Growth." *Quarterly Journal of Economics*, 70, 1 (February): 65-94.

83. Summers, Robert, and Alan Heston. 1991. "The Penn World Table (Mark 5): An Expanded Set of International Comparisons, 1950-1988." *Quarterly Journal of Economics*, 106, 2 (May): 327-368.

84. Summers, Robert, and Alan Heston. 1993. "Penn World Tables, Version 5.5." Available on Diskette from the National Bureau of Economic Research, Cambridge, MA.

85. Swan, Trevor W. 1965. "Economic Growth and Capital Accumulation." *Economic Record*, 32 (November): 334-361.

86. Tocqueville, Alexis de. 1835. *Democracy in America*. Translated by Henry Reeve. London: Saunders & Otley.

87. Uzawa, Hirofumi. 1965. "Optimal Technical Change in an Aggregative Model of Economic Growth." *International Economic Review*, 6 (January): 18-31.

索 引*

African countries，非洲国家
　autocracy, effect on growth，非洲国家独裁，对增长的影响，50
　democracy in，非洲国家的民主，55，56，61，80，84-85
　growth projections，非洲国家的增长预测，44-46
　inflation rates，非洲国家通货膨胀率，113
　per capita growth rates，非洲国家人均增长率，13-15

　regional variables，非洲国家地区变量，30-32
Alesina, Alberto，阿尔贝托·阿莱西纳，105，110-111
Argentina，阿根廷，45
Aristotle hypothesis，亚里士多德假设，51
Arrow, Kenneth，肯尼斯·阿罗，5
Asian countries，亚洲国家
　autocracy, effect on growth，亚洲国家独裁，对增长的影响，50

---

* 术语后面的数字表示原书页码，即本书页边的标码。——译者注

democracy in, 亚洲国家的民主，85

growth projections, 亚洲国家的增长预测，43-44

regional variables, 亚洲国家地区变量，30-32

Authoritarian regimes, 独裁体制，50-51，59

Barro, Robert J., 罗伯特·J.巴罗，15，19，31

Birth rates, 出生率，22-25

Blömstrom, Magnus, 马格努斯·布洛姆斯特伦，33

Bollen, Kenneth, A., 肯尼斯·A.伯伦，52，53

Botswana, 博茨瓦纳，84

Brazil, 巴西，45

Briault, Clive, 克莱夫·布里奥，89-90

Britain, 英国，75

Bruno, Michael, 迈克尔·布鲁诺，100

Caselli, Francesco, 弗朗西斯科·卡塞利，41

Central bank independence, inflation and, 中央银行独立性和通货膨胀，104-111

Chili, 智利，45，50

China, 中国

democracy trends in, 中国的民主趋势，84，85

religious affiliation in, 中国的宗教关系，76-77，78

Civil liberties, 公民自由

definition of, 公民自由的定义，55，58

democracy and, 公民自由和民主，78-79

index, 公民自由指标，58，64

Colonial heritage, 殖民传统

democracy and, 殖民传统和民主，73-76

inflation and, 殖民传统和通货膨胀，113-116

Consumer price index（CPI），消费者价格指数（CPI），43，90

Convergence rate, 收敛率

for democracy, 民主的收敛率，84

economic growth and, 经济增长和收敛率，10-12

fixed effect in, 收敛率和固定影响，41

gross domestic product and, 国内生产总值和收敛率，17

in neoclassical model, 新古典模型中的收敛率，2

regressions in, 收敛率回归，36

Costs, of inflation, 通货膨胀成本，89-90

索 引

CPI（consumer price index），CPI（消费者价格指数），43，90

Cukierman, Alex, 亚历克斯·顾克文，105-106，111

Democracy，民主
    actual values，民主的实际值，80-83
    civil liberties and，公民自由和民主，78-79
    colonial heritage in，殖民传统和民主，73-76
    convergence rate for，民主的收敛率，84
    determinants of，民主的决定因素，61-62，70-71
    dictatorship vs.，独裁和民主，50-51，59
    economic growth in，经济增长和民主，52-61
    economic rights in，经济权利和民主，49
    Gastil's measure of，加斯蒂尔民主指标，86
    growth rate vs.，增长率和民主，59，60
    infant mortality rate in，婴儿死亡率和民主，68
    long-run values，民主的长期值，80-83
    natural resources and，自然资源和民主，66-67
    religion and，宗教和民主，74，76-78
    standard of living in，生活水准和民主，51-52，65-67
    theoretical models，理论模型和民主，51-52
    world，民主和世界，53-55

Dictatorship, vs. democracy，独裁和民主，50-51，59

Easterly, William，威廉·伊斯特利，100

Economic growth. *See also specific determinants of*，经济增长。另见经济增长的特定决定因素
    rate. *See* Growth rate，经济增长率。见增长率
    theories，经济增长理论，3-8

Ecuador，厄瓜多尔，45

Education，教育
    in democracy，教育和民主，66，68-72
    of females，女性教育，20-21，66，68-72
    gross domestic product and，国内生产总值和教育，19-22，23
    inequality，教育不平等性，69-72
    of males. *See* Males, education of，

男性教育。见教育之男性教育

Elections，选举，78-79

Esquivel, Gerardo，杰拉尔多·埃斯基韦尔，41

European countries，欧洲国家
  autocracy, effect on growth，欧洲国家的独裁，对增长的影响，50
  democracy in，欧洲国家的民主，61，86
  long-term growth，欧洲国家的长期增长，44，45

Females, education of，女性教育，20-21，66，68-72

Fertility rate，出生率
  economic growth and，经济增长和出生率，22-25
  growth rate regressions，增长率回归和出生率，13，38，40-41
  regressions，出生率回归，13-15，24-25

Fixed-effect technique，固定影响技术
  for convergence rate，固定影响技术和收敛率，41
  for inflation，固定影响技术和通货膨胀率，103-104
  for regressions，固定影响技术和回归，36-42

France，法国，75

Friedman, Milton，米尔顿·弗里德曼，49，72

Galton's fallacy，高尔顿谬论，11

Gambia，冈比亚，84

Gastil, Raymond D.，雷蒙德·D. 加斯蒂尔，52-58，78，86

GDP. See Gross domestic product (GDP)，GDP。见国内生产总值

Gini coefficients，基尼系数，68-69，72

Government consumption，政府消费，26

Gross domestic product (GDP)，国内生产总值(GDP)
  convergence rate and，收敛率和国内生产总值，17
  cross country growth rate vs.，跨国增长率和国内生产总值，9-11
  democracy and，民主和国内生产总值，63-66
  education and，教育和国内生产总值，19-22，23
  government consumption and，政府消费和国内生产总值，26，27
  growth rate and，增长率和国内生产总值，1-2，9-11，17-18，95-96
  inflation and，通货膨胀率和国内生产总值，95-96，115-116，117-118

索　引

initial level of，国内生产总值的初始水平，17-18

investment ratio in，投资率和国内生产总值，32-34

money and，货币和国内生产总值，102

natural resources as，自然资源和国内生产总值，66-67

in neoclassical growth model，新古典增长模型中的国内生产总值，17-18

in oil countries，石油国家的国内生产总值，63，66-67

regressions in，国内生产总值回归，13，38，39，40

trade terms and，贸易条件和国内生产总值，28-30

United States，美国的国内生产总值，118

variables，国内生产总值变量，16-17

Growth rate. See also Specific aspects of analysis of，增长率。见增长率的特定方面增长率的分析

fertility rate vs.，出生率和增长率，22-25

gross domestic product and，国内生产总值和增长率，1-2，9-11，17-18，95-96

inflation rate vs.，通货膨胀率和增长率，95，97-98，112

life expectancy vs.，寿命预期和增长率，24

long-term measurement of，增长率的长期指标，15-16，46-47

projections，增长率预测，42-47

regional variables，增长率和区域变量，30-32

regressions，增长率和回归，12-15，36-42

rule of law index vs.，法治指标和增长率，26-28，29

theories，增长率理论，3-6，3-8

Guyana，圭亚那，45

Heterogeneity, democracy and，民主和差异性，72

Histograms, for inflation rate，通货膨胀率柱状图，93

Hong Kong，香港，85

Huber, Evelyne，伊夫林·休伯，52

Human capital，人力资本

economic growth and，经济增长和人力资本，19-22

physical capital vs.，物质资本和人力资本，2-3

Hungary，匈牙利，86

IMF（International Monetary Fund），IMF（国际货币基金组织），63，84

Income inequality, 收入不平等性, 68-71

India, 印度, 45, 78, 86

Indonesia, 印度尼西亚, 86

Inequality, 不平等性

 education, 教育不平等性, 69-72

 income, 收入不平等性, 68-71

Infant mortality rate, in democracy, 婴儿死亡率和民主, 68

Inflation, 通货膨胀率

 central bank independence and, 中央银行独立性和通货膨胀率, 104-111

 colonial heritage and, 殖民传统和通货膨胀率, 113-116

 data, 通货膨胀数据, 90-93

 economic growth and, 经济增长和通货膨胀, 93-101

 endogeneity of, 通货膨胀内生性, 101-116

 harm from, 通货膨胀的危害, 89-90

 lagged, 滞后通货膨胀率, 111-112

 law and, 法律和通货膨胀, 105-106, 110

 mean rate of, 平均通货膨胀率, 90-93, 94, 100

 median rate of, 通货膨胀率中位数, 90-93

 monetary policy and, 货币政策和通货膨胀, 89-90, 105, 112

 monetary stability and, 货币政策稳定性和通货膨胀, 104-105

 property rights and, 产权和通货膨胀, 103

 rate, vs. growth rate, 通货膨胀率和增长率, 95, 97-98, 112

 regressions, 通货膨胀率回归, 95-96, 100, 112

 standard deviation vs. mean inflation, 通货膨胀率的标准差和平均通货膨胀率, 93, 94, 100

 variability of, 通货膨胀变动率, 100-101

Inkeles, Alex, 亚历克斯·英克尔斯, 49, 72

Instrumental-variable technique, 工具变量技术, 16

International Monetary Fund (IMF), 国际货币基金组织 (IMF), 63, 84

Investment ratio, 投资率, 32-35, 59

 regressions, 投资率回归, 32-34

Iran, 伊朗, 50

Islam, Nazrul, 纳兹鲁·伊斯兰, 41

Italy, 意大利, 52

Japan, 日本, 43

索 引

Keefer, Philip, 菲利普·基弗, 26-27

Knack, Stephen, 斯蒂芬·克纳克, 26-27

Knight, Malcolm, 马尔科姆·奈特, 41

Kocherlakota, N.R., N.R. 科切拉科塔, 101-103

Korea, South, 韩国, 45

Lagged inflation, 滞后通货膨胀率, 111-112

Latin American countries, 拉丁美洲国家

 autocracy, effect on growth, 拉丁美洲国家独裁, 对增长的影响, 50

 democracy in, 拉丁美洲国家的民主, 85

 inflation rates, 拉丁美洲国家的通货膨胀率, 115, 116

 long-term growth, 拉丁美洲国家的长期增长, 44, 45

 regional variables, 拉丁美洲国家地区变量, 30-32

Law, inflation and, 法律和通货膨胀, 105-106, 110

Lee, Jong-Wha, 李钟和, 19, 76

Lefort, Fernando, 费尔南多·勒福特, 41

Life expectancy, 寿命预期

 in democracy, 寿命预期和民主, 66, 68

 growth rate vs., 寿命预期和增长率, 24

 growth rate regressions, 寿命预期和增长率回归, 13, 38, 40-41

 investment ratio and, 寿命预期和投资率, 35

 regressions, 寿命预期和回归, 13, 38, 40-41

Limongi, Fernando, 费尔南多·利蒙吉, 49, 72

Lipset, Seymour Martin, 西摩·马丁·利普塞特, 51-52, 63, 73

Lipset hypothesis, 利普塞特假设, 51-52, 61-62, 86-87

Lipsey, Robert, E., 罗伯特·E. 利普西, 33

Loayza, Norman, 诺曼·洛艾萨, 41

Lucas, Robert E., Jr., 罗伯特·E. 小卢卡斯, 5

Malaysia, 马来西亚, 58-59

Males, education of, 男性教育

 attainment and, 男性受教育程度, 66

 in democracy, 男性教育和民主, 68-72

 regressions, 男性教育回归, 13, 38, 40-41

upper-level, growth and, 男性中等及高等教育水平和增长, 19-20, 21-22

Malthus, Thomas R., 托马斯·R.马尔萨斯, 3

Mauritius, 毛里求斯, 78, 84, 86

Mean inflation rate, 平均通货膨胀率, 90-93, 94, 100

Median inflation rate, 通货膨胀率中位数, 90-93

Mexico, 墨西哥, 43, 58-59

Monetary policy, inflation and, 货币政策和通货膨胀率, 89-90, 105, 112

Monetary stability, inflation and, 货币政策稳定性和通货膨胀率, 104-105

Money, 货币
　gross domestic product and, 货币和国内生产总值, 102
　supply and demand for, 货币供给和需求, 101-102

Natural resources, 自然资源
　democracy and, 自然资源和民主, 66-67
　International Monetary Fund and, 自然资源和国际货币基金组织, 63

Neoclassical growth model, 新古典增长模型

capital in, 新古典增长模型中的资本, 2-3

convergence property in, 新古典增长模型中的收敛性, 2

equation, 新古典增长模型方程, 8-12

gross domestic product in, 新古典增长模型中的国内生产总值, 17-18

investment ratio in, 新古典增长模型中的投资率, 32

technology and, 新古典增长模型和技术, 3-5, 7-8

Niger, 尼日尔, 85

OECD (Organization for Economic Co-operation and Development) countries, OECD（经济合作与发展组织）成员, 43, 44, 46, 50, 111

Oil countries, gross domestic product in, 石油国家的国内生产总值, 63, 66-67

Ordinary least squares (OLS), 最小二乘法（OLS）, 39

Organization for Economic Cooperation and Development (OECD) countries, 经济合作与发展组织（OECD）成员, 43, 44, 46, 50, 111

Output, 产出, 101

索引

Paraguay，巴拉圭，45

Pareto optimality，帕累托最优，5，6

Peru，秘鲁，45，50

Phillipines，菲律宾，45，50

Physical capital, vs. human capital，物质资本和人力资本，2-3

Poland，波兰，86

Political freedom，政治自由，49，61，72

Political rights, definition of，政治权利的定义，53

Political rights index，政治权利指标，60

Population heterogeneity, in democracy，人口差异性和民主，72

Population size, in democracy，人口规模和民主，67

Portugal，葡萄牙，75，86

Property rights, inflation and，产权和通货膨胀，103

Przeworski, Adam，亚当·普沃斯基，49，72

Rebelo, Sergio，塞尔吉奥·雷贝洛，5

Regional variables, of growth rate，地区变量和增长率，30-32

Religion, democracy and，宗教和民主，74，76-78

Research and development (R&D)，研究与开发（R&D），5-6

Ricardo, David，大卫·李嘉图，3

Romer, Paul M.，保罗·M. 罗默，5

Rueschemeyer, Dietrich，迪特里希·鲁斯切梅耶，52

Rule of law index，法治指标
   in democracy，法治指标和民主，72-73
   description of，法治指标描述，26-28
   growth rate vs.，法治指标和增长率，29
   growth rate regressions in，法治指标和增长率回归，13
   inflation and，法治指标和通货膨胀率，103
   standard of living and，法治指标和生活水准，73

Rwanda，卢旺达，80，84

Sachs, Jeffrey D.，杰弗里·D. 萨克斯，66-67

Sah, Raaj K.，雷季·K. 萨赫，50

Schumpeter, Joseph，约瑟夫·熊彼特，6

Schwarz, Gerhard，格哈德·施瓦茨，50

Seemingly unrelated (SUR) technique，似不相关（SUR）技术，38，39-40，42

Seong, Kyoung-Ryung，克杨·尔杨·塞昂，73

Sheshinski, Eytan, 艾坦·谢辛斯基, 5

Sierra Leone, 塞拉利昂, 45-46

Singapore, 新加坡, 85

Sirowy, Larry, 拉里·西罗威, 49, 72

South Africa. *See* African countries, 南非。见非洲国家

South American countries, 南美国家, 45

South Korea, 韩国, 45

Spain, 西班牙, 75, 86

Sri Lanka, 斯里兰卡, 45

Standard of living, 生活水准

 colonial heritage and, 生活水准和殖民传统, 75

 in democracy, 生活水准和民主, 51-52, 65-67

 political impact on, 生活水准和政治影响, 51-52

 rule of law and, 生活水准和法治, 73

Stephens, John D., 约翰·D. 史蒂芬斯, 52

Summers, Lawrence, H., 劳伦斯·H. 萨默斯, 105, 110-111

SUR(seemingly unrelated) technique, SUR（似不相关）技术, 38, 39-40

Syria, 叙利亚, 85

Target position, 目标位置, 84-86

Taxation, government consumption and, 税收和政府消费, 26

Technology, in neoclassical growth model, 技术和新古典增长模型, 3-5, 7

Torres, John Charles, 约翰·查尔斯·托里斯, 73

Trade, 贸易

 growth rate vs., 贸易和增长率, 31

 growth rate regressions in, 贸易和增长率回归, 13

 terms, 贸易条件, 28-30, 31

United Kingdom, 英国, 46

United States, 美国, 46, 118

Urbanization, democracy and, 城市化和民主, 63, 67

Uzawa, Hirofumi, 宇泽弘文, 5

Villanueva, Delano, 德拉诺·比利亚努埃瓦, 41

Warner, Andrew, M., 安德鲁·M. 沃纳, 66-67

World Bank, 世界银行, 84

Yugoslavia, 南斯拉夫, 84, 86

Zejan, Mario, 马里奥·泽赞, 33

Determinants of Economic Growth: A Cross-Country Empirical Study
By Robert J. Barro
@ 1997 Massachusetts Institute of Technology
Simplified Chinese version © 2017 by China Renmin University Press.
All Rights Reserved.

图书在版编目（CIP）数据

经济增长的决定因素/（美）罗伯特·J. 巴罗著；李剑译. —北京：中国人民大学出版社，2017.12
（当代世界学术名著·经济学系列）
ISBN 978-7-300-25246-9

Ⅰ.①经… Ⅱ.①罗…②李… Ⅲ.①经济增长-研究 Ⅳ.①F061.2

中国版本图书馆 CIP 数据核字（2017）第 300472 号

当代世界学术名著·经济学系列
经济增长的决定因素：跨国经验研究
［美］罗伯特·J. 巴罗　著
李　剑　译
沈坤荣　审

出版发行	中国人民大学出版社		
社　　址	北京中关村大街 31 号	邮政编码	100080
电　　话	010－62511242（总编室）		010－62511770（质管部）
	010－82501766（邮购部）		010－62514148（门市部）
	010－62515195（发行公司）		010－62515275（盗版举报）
网　　址	http：//www.crup.com.cn		
	http：//www.ttrnet.com（人大教研网）		
经　　销	新华书店		
印　　刷	北京东君印刷有限公司		
规　　格	155 mm×235 mm　16 开本	版　次	2017 年 12 月第 1 版
印　　张	8 插页 2	印　次	2017 年 12 月第 1 次印刷
字　　数	112 000	定　价	35.00 元

版权所有　　侵权必究　　印装差错　　负责调换